Textos autobiográficos

FUNDAÇÃO EDITORA DA UNESP

Presidente do Conselho Curador
Herman Voorwald

Diretor-Presidente
José Castilho Marques Neto

Editor-Executivo
Jézio Hernani Bomfim Gutierre

Assessor Editorial
Antonio Celso Ferreira

Conselho Editorial Acadêmico
Alberto Tsuyoshi Ikeda
Célia Aparecida Ferreira Tolentino
Eda Maria Góes
Elisabeth Criscuolo Urbinati
Ildeberto Muniz de Almeida
Luiz Gonzaga Marchezan
Nilson Ghirardello
Paulo César Corrêa Borges
Sérgio Vicente Motta
Vicente Pleitez

Editores-Assistentes
Anderson Nobara
Arlete Zebber
Christiane Gradvohl Colas

Coleção
Pequenos Frascos

Jean-Jacques Rousseau

Textos autobiográficos
&
outros escritos

Tradução, introdução e notas
Fúlvia M. L. Moretto

© 2006 da tradução brasileira: Editora UNESP

Títulos dos originais em francês:

*Les Confessions, Rousseau juge de Jean-Jacques (Dialogues),
Les Rêveries du promeneur solitaire,
Fragments autobiographiques* e *Documents biographiques*

Fundação Editora da UNESP (FEU)
Praça da Sé, 108
01001-900 – São Paulo – SP
Tel.: (0xx11) 3242-7171
Fax: (0xx11) 3242-7172
www.editoraunesp.com.br
feu@editora.unesp.br

CIP – Brasil. Catalogação na fonte
Sindicato Nacional dos Editores de Livros, RJ

R77c

Rousseau, Jean-Jacques, 1712-1778
  Textos autobiográficos & outros escritos/Jean-Jacques Rousseau; tradução, introdução e notas Fúlvia M. L. Moretto. – São Paulo: Editora UNESP, 2009.
  180p. – (Pequenos frascos)

  Tradução de: Les confessions; Rousseau juge de Jean-Jacques (Dialogues); Les rêveries du promeneur solitaire; Fragments autobiographiques et Documents biographiques
  ISBN 978-85-7139-967-9

  1. Rousseau, Jean-Jacques, 1712-1778. 2. Filósofos – França – Biografia. I. Título. II. Série.

09-4317.   CDD: 921.4
                                                                     CDU: 929:1(44)

Editora afiliada:

Sumário

7. Introdução

15. As Quatro Cartas
    - 17. I. A M[alesherbes] (4 de janeiro de 1762)
    - 25. II. Ao Senhor de Malesherbes (12 de janeiro de 1762)
    - 35. III. Ao Senhor de Malesherbes (26 de janeiro de 1762.)
    - 45. IV. A M[alesherbes] (28 de janeiro de 1762)

55. Textos autobiográficos
    - 57. Fragmento biográfico
    - 73. Meu retrato
    - 91. Esboços das confissões (1764)
    - 125. Sentimentos do público sobre minha pessoa nos diversos estados que me compõem (1768)

127. Sobre o assunto e a forma deste escrito (1775)
139. História do precedente escrito (1776)
165. Esboço dos devaneios

Introdução

O primeiro volume da obra completa de Jean-Jacques Rousseau[1] reúne seus livros autobiográficos: *As confissões, Rousseau juiz de Jean-Jacques (Diálogos), Os devaneios do caminhante solitário, Fragmentos autobiográficos e Documentos biográficos*. Tais fragmentos e documentos, publicados neste volume, formam um todo que interessam ao estudioso tanto mais que, colocados em ordem cronológica, completam o pensamento e o caminho da obra rousseauniana.

O primeiro texto, "Fragmento biográfico" (1755-6), evidencia o temperamento combativo do autor que, aos 43 anos de idade, se indigna contra o mal e os preconceitos que eram para ele "um sofrimento que me inflamava a coragem", e que portanto lhe

---

[1] *Oeuvres complètes de Jean-Jacques Rousseau*. Paris: Gallimard, 1959, Bibliothèque de La Pléiade, v.I.

fortificavam a alma. Temos aqui uma crítica séria contra "homens que desejam brilhar e não convencer" e que o talento de Rousseau sabe apresentar como uma verdade de todos os tempos. Desenvolve, assim, no texto, sua paixão pela verdade que sempre comandou sua vida e sua mente: para isso declara que está estudando o ser humano, seus pensamentos e suas ações. Seu estilo é combativo, ele superara os desentendimentos com Voltaire e já iniciara os contatos com a aristocracia francesa. Porém, as grandes tensões iriam começar.

O segundo texto, "Meu retrato" (1761-2), é redigido em pequenos itens numerados. Nele, Rousseau revela que deseja sempre oferecer ao mundo uma imagem fiel do homem, um modelo para ser estudado. Sua explanação é a de um moralista seguro de si, insistindo no tom confidencial e na procura da verdade do homem. Porém, revela ao mesmo tempo que prefere estar só e dever tudo a si mesmo. Enfim, temos nesse "retrato" um Eu que desconfia de outro Eu e que ao mesmo tempo começa a procurar sua própria felicidade a qual terá seu ponto de chegada no belo e conformado texto de 1776. Mas aqui, no texto de 1756, já anuncia seu amor pela natureza exterior: "só faço alguma coisa ao passear, o campo é meu gabinete".

É neste ponto que a edição Pléiade coloca as Quatro Cartas, em que não há mais solilóquio, mas em que Rousseau se explica com muito cuidado ao Sr. Chrétien Guillaume de Lamoignon de Malesherbes, o poderoso Diretor da *Librairie*, o organismo que controlava as publicações da França do antigo regime. Apesar de suas funções de censor real, Malesherbes, dono de uma certa abertura política e sobretudo intelectual, teve sempre com Rousseau um relacionamento amistoso, o que explica também a confiança que nele depositou o escritor.

Para compreender o tom das Quatro Cartas de janeiro de 1762, é preciso partir dos cinco anos que as precederam e que foram difíceis para Rousseau. São anos em que começara suas grandes obras com a redação de *A Nova Heloísa*, do *Contrato social* e do *Emílio*, escritos quase ao mesmo tempo; com o exame dos papéis do abade de Saint-Pierre para uma futura publicação, Rousseau ainda viveu sua dramática paixão pela Sra. Sophie d'Houdetot e as intrigas de seu círculo intelectual. Rompeu suas relações com Diderot e Grimm e sofreu o agravamento de seus problemas de saúde. Em dezembro de 1761, diante da demora da publicação de suas obras, escreve a Malesherbes para pedir sua intervenção. A resposta é amigável, o que facilita o entendimento entre os dois homens. E Rousseau, fragilizado física e psicologicamente, abre seu coração, fazendo de suas quatro Cartas o ponto de partida de suas três obras posteriores, *as Confissões, Rousseau juiz de Jean-Jacques* (*Diálogos*) e *Os devaneios do caminhante solitário*, esta última interrompida pela sua morte.

Na primeira carta, partindo de um desabafo contra os intelectuais que o acusam de misantropia, Rousseau coloca claramente o prazer que sente nos contatos humanos, mas explica que procura a solidão em nome de seu "indomável espírito de liberdade," pelo qual é capaz de tudo sacrificar. A segunda carta fala de sua infância, rica de sentido aos nossos olhos pós-freudianos, do despertar de sua imaginação e de sua emoção, em que sentimos a sensibilidade romântica em seu nascedouro. A terceira carta fala de sua formação, de suas leituras e, mais tarde, de sua intempestiva entrada na comunidade intelectual com o *Discurso sobre as ciências e as artes*. Rousseau insiste no fato de ter sido levado a escrever pela necessidade de eliminar a contradição entre seu coração e seu espírito e na maneira de encarar a felicidade. O texto, de grande lirismo, em prosa poética cadenciada, já anuncia as *Confissões* e sobretudo os *Devaneios*. Na quarta carta, Rousseau conclui que vem agindo acertadamente e sua autoestima fortifica-se ao opor sua própria simplicidade ao farisaísmo de seus contemporâneos.

O que se destaca no conjunto das Cartas, considerado o mais belo texto escrito por Rousseau, é que uma faceta de seu universo se opõe ao universo de seus contemporâneos: diante da sociedade do século XVIII, que vive os prazeres do dia a dia e se acomoda ao intelectualizado pensamento da felicidade "possível", "do melhor dos mundos possíveis", ergue-se a exigente figura de Rousseau que pede não mais uma felicidade relativa, mas, sim, uma felicidade total, que exige o Absoluto. E as Quatro Cartas permanecerão como um marco em sua obra, ficarão como a expressão de uma sinceridade, de uma verdade, até mesmo de um estilo, que parecem comandar o resto de sua obra. De fato, é em 1764 que iniciará o esboço das *Confissões*, que se mostra mais organizado do que os outros fragmentos, que se apresentam como uma resposta aos falsos julgamentos feitos a seu respeito. Porém, sua franqueza é mais suave do que o texto definitivo, que assustou os ouvintes de suas primeiras leituras nos salões aristocráticos da época. É que o estilo das Cartas a Malesherbes, em que Rousseau abre seu coração a um amigo a quem quer bem e no qual confia, é diferente do das *Confissões*, tanto na forma de esboço quanto na do texto definitivo.

O fragmento "Sentimentos do público sobre a minha pessoa nos diferentes estados que a compõem", de apenas uma página, traz catorze observações, uma lista do que as diferentes categorias sociais e profissionais da França pensam de Rousseau e de sua obra. O autor revela que as escreveu para se distrair, mas que elas foram roubadas e copiadas, transformadas com a intenção de denegri-lo. O texto de 1768 foi expurgado, recuperado, publicado em 1852 e retomado em 1911 numa edição crítica. Texto de estilo seco, evidenciando grande finura em suas análises.

O fragmento "Sobre o assunto e a forma deste escrito" é de 1775 e foi publicado como apresentação de *Rousseau juiz de Jean-Jacques*. Como Rousseau continua cada vez mais angustiado com a manipulação a que estão condenados seus textos, escreve agora este fragmento pensando nas gerações futuras e na recepção que elas darão finalmente a toda sua obra. O mesmo se dá com o fragmento seguinte, "História do precedente escrito", de 1776, que Rousseau deixara sem título, e que relata em treze páginas seu desespero por não saber a quem entregar o texto que não conseguira colocar sobre o altar-mor da catedral de Notre Dame em Paris, a entrega fracassada aos transeuntes a quem quer revelar a perseguição de que é vítima, e a procura de um homem honesto a quem possa confiar seu texto, pois não lutará mais para divulgá-lo. No mesmo ano, Rousseau inicia sua obra final *Os devaneios do caminhante solitário*. Os trinta itens deste esboço já trazem a previsão de sua morte, que considera próxima dado seu enfraquecimento geral, físico e psicológico, e, já como no texto definitivo, desiste de qualquer plano: sentindo-se totalmente só, deseja apenas ser feliz.

Vemos assim a unidade do conjunto destes textos autobiográficos: escalonados entre 1755 e 1776, formam um esclarecedor complemento às grandes obras de Rousseau, da *Nova Heloísa* aos inacabados *Devaneios do caminhante solitário*. Eles são um fio condutor da obra de Rousseau. Partindo de uma irritação crescente contra seu século, ele concluirá que a sabedoria deverá ser, agora, solidão criadora. Estes textos se explicam mutuamente. A agressividade e a coragem de 1775 desvaneceram-se aos poucos, mas em seu lugar emergiu a alma romântica e o homem contemporâneo. Estes textos se explicam mutuamente, eles dialogam, precedem ou seguem a mente rousseauniana – suas dificuldades, suas resoluções, seu trabalho – que fizeram dele uma figura ímpar dentro do Iluminismo europeu. Eles são um caminho, um tatear de seu espírito numa fase da História em que a razão e a sensibilidade iriam cessar de se combater para dar lugar ao mundo contemporâneo.

As Quatro Cartas

Ao Senhor Presidente de Malesherbes,
contendo a verdadeira descrição de meu caráter
e os verdadeiros motivos de toda a minha conduta.

I
A M[ALESHERBES].

∞

Montmorency, 4 de janeiro de 1762.

Eu teria, Senhor, demorado menos em vos agradecer a última carta com que me honrastes, se tivesse medido minha diligência pelo prazer que ela me proporcionou. Mas, além de me custar muito escrever, pensei que seria necessário conceder alguns dias às dificuldades de nossa época, para não vos sobrecarregar com as minhas. Embora absolutamente não me console com o que acaba de acontecer, estou muito contente por terdes ciência disso; visto que isso não me retirou vossa estima, ela será ainda maior se não me acreditardes melhor do que sou.

Os motivos aos quais atribuís os partidos que me viram tomar desde que trago uma espécie de renome no mundo talvez me honrem mais do que mereço, mas estão certamente mais perto da verdade do que aqueles que presumem esses homens de letras que, conferindo tudo à reputação, julgam meus sentimentos pelos seus. Tenho um coração por demais sensível a outras afeições para sê-lo tão profundamente à opinião pública; amo demasiadamente meu prazer e minha independência para ser escravo da vaidade ao ponto que o supõem. Aquele para quem a fortuna e a esperança de elevar-se nunca rejeita um encontro ou um jantar agradável não deve naturalmente sacrificar a própria felicidade ao desejo de fazer com que a comentem, e absolutamente não é acreditável que um homem que sente em si algum talento e que espere até os 40 anos para fazer-se conhecido seja bastante louco para ir entediar-se, pelo resto de seus dias, em um deserto, unicamente para adquirir a reputação de um misantropo.

Mas, senhor, embora eu odeie soberanamente a injustiça e a maldade, esta paixão não é bastante dominante para, sozinha, determinar-me a fugir da sociedade dos homens se, para fazê-lo, tivesse de realizar algum grande sacrifício. Não, meu motivo é menos nobre e mais próximo de mim. Nasci com um amor natural pela solidão, que somente aumentou à medida que conheci melhor os homens. Sinto-me mais à vontade com os seres quiméricos que reúno ao meu redor do que com aqueles que vejo no mundo, e a sociedade alimentada apenas por minha imaginação, em meu retiro, acaba por desgostar-me de todas aquelas que abandonei. Considerais-me infeliz e consumido pela melancolia. Oh! Senhor, como vos enganais! Era em Paris que eu o era; era em Paris que uma bile negra roía meu coração, e a amargura daquela bile faz-se por demais sentir em todos os escritos que publiquei enquanto lá permaneci. Mas, Senhor, comparai aqueles escritos com os que fiz em minha solidão, ou me engano ou sentireis nestes últimos certa serenidade de alma que não se finge e da qual se pode extrair um juízo correto do estado interior do autor. A extrema agitação que acabo de experimentar pode trazer-vos um juízo contrário; mas é fácil ver que essa agitação não tem sua origem em minha situação atual, mas em uma imaginação desregrada, pronta em assustar-se em qualquer coisa e levar tudo ao extremo. Contínuos sucessos tornaram-me sensível à glória, e não há homem de alguma grandeza de alma e alguma virtude que possa imaginar, sem o mais mortal desespero, que após sua morte, substituir-se-ia, com o seu nome, uma obra útil por uma obra perniciosa, capaz de desonrar sua memória e fazer um grande mal. É possível que tal conturbação tenha acelerado o progresso de meus males, mas, na suposição de que em tal acesso de loucura me tivesse assaltado em Paris, não é absolutamente certo que minha própria vontade não tivesse poupado o resto da obra à natureza.[1]

Por muito tempo, eu mesmo me enganei quanto à causa desse invencível desgosto que sempre experimentei no comércio com os homens, atribuí-o à mágoa por não possuir um espírito suficientemente presente para mostrar, na conversação, o pouco que possuo e, em consequência, à de não ocupar no mundo o lugar que nele acreditava merecer. Mas, quando após ter rabiscado alguns papéis, tinha toda a certeza de, mesmo dizendo bobagens, não ser tomado por um tolo, quando me vi procurado por to-

---

1 Ou seja: "que não me tivesse suicidado". (N.T.)

dos e honrado com muito maior consideração do que a minha mais ridícula vaidade teria ousado pretender e, quando, apesar disso, senti que esse mesmo desgosto mais aumentara do que diminuíra, concluí que ele tinha outra causa e que esses tipos de gozos não eram aqueles de que eu precisava.

Assim, qual é enfim essa causa? Ela não é outra coisa senão este indômito espírito de liberdade que nada pôde vencer e diante do qual as honras, a fortuna e a própria reputação nada significam para mim. É certo que este espírito de liberdade origina-se em mim menos do orgulho do que da preguiça, mas esta preguiça é incrível; tudo a assusta; os menores deveres da vida civil lhe são insuportáveis. Uma palavra a dizer, uma carta a escrever, uma visita a fazer, desde que seja preciso fazê-lo, são suplícios para mim. Eis por que, embora o comércio ordinário com os homens me seja odioso, a amizade íntima me é tão cara, porque para ela não há mais deveres. Segue-se o próprio coração e tudo está feito. Eis ainda por que temi tanto os benefícios. Pois todo benefício exige reconhecimento; e sinto meu coração ingrato somente por ser o reconhecimento um dever. Numa palavra, o tipo de felicidade de que preciso não é tanto a de fazer o que desejo, mas a de não fazer o que não desejo. A vida ativa nada possui de tentador para mim, e eu consentiria cem vezes nada fazer a fazer alguma coisa contra a vontade; e pensei cem vezes que não teria vivido por demais infeliz na Bastilha se fosse obrigado a apenas permanecer lá.

Todavia, em minha juventude, fiz alguns esforços para elevar-me. Mas tais esforços nunca tiveram outra finalidade a não ser o retiro e o repouso em minha velhice e, como somente foram feitos à base do empurrão, como os de um preguiçoso, nunca tiveram o menor sucesso. Quando os males chegaram, eles me forneceram um belo pretexto para entregar-me à minha paixão dominante. Achando que era uma loucura atormentar-me por uma idade à qual eu não chegaria, larguei tudo e apressei-me em gozar. Eis, Senhor, eu vo-lo juro, a verdadeira causa desse isolamento no qual nossos letrados foram procurar motivos de ostentação que supõem uma constância, ou antes, uma obstinação em exigir o que me custa, exatamente contrária a meu caráter natural.

Dir-me-eis, Senhor, que esta suposta indolência não se concilia com os escritos que compus nos últimos dez anos e com este desejo de glória que deve ter-me incitado a publicá-los. Eis uma objeção que deve ser resolvida, que me obriga a prolongar minha carta e que, por conseguinte, me força a acabá-la. Voltarei a ela, Senhor, se meu tom familiar não vos desagradar, pois, no desabafo do meu coração, eu não saberia usar outro, descrever-me-ei sem disfarces, sem modéstia, mostrar-me-ei a vós tal como me vejo e tal como sou, pois, vivendo minha vida comigo mesmo, devo conhecer-me e vejo, pela maneira pela qual os que julgam conhecer-me interpretam minhas ações e minha conduta, que deles não conhecem nada. Ninguém no mundo me conhece a não ser eu mesmo. Vós o julgareis quando eu tiver dito tudo.

Não me devolvais minhas cartas, Senhor, suplico-vos, queimai-as, porque não vale a pena guardá-las; mas não por consideração para comigo. Também não penseis, rogo-vos, em retirar as que estão entre as mãos de Duchêne [sic]. Se fosse necessário suprimir, no mundo, os traços de todas as minhas loucuras, haveria demasiadas cartas a serem retiradas e não moveria a ponta do dedo para isso. A meu favor ou contra mim, não temo ser visto tal como sou. Conheço meus grandes defeitos e sinto profundamente todos os meus vícios. Além de tudo isso, morreria cheio de esperança no Deus Supremo e muito persuadido de que, de todos os homens que conheci em minha vida, nenhum foi melhor do que eu.

II
Ao Senhor de Malesherbes

Montmorency, 12 de janeiro de 1762.

Continuo, Senhor, a dar contas de mim, visto que comecei a fazê-lo; pois o que me é mais desfavorável é ser conhecido parcialmente e, visto que meus erros não me retiraram vossa estima, não presumo que minha franqueza ma irá retirá-la.

Uma alma preguiçosa que se assusta com qualquer suspeita, um temperamento ardente, bilioso, facilmente afetável e excessivamente sensível a tudo o que o afeta parecem não poder unir-se no mesmo caráter, e estes dois opostos compõem, todavia, o âmago do meu. Embora eu não possa resolver essa oposição com princípios, ela existe, contudo, sinto-a, nada é mais certo, e dela posso, pelo menos, dar através dos fatos uma espécie de histórico que pode ajudar a concebê-la. Tive mais atividade na infância, porém nunca como outra criança. Este tédio de tudo lançou-me muito cedo na leitura. Aos 6 anos, Plutarco caiu-me nas mãos, aos 8 sabia-o de cor; lera todos os romances, eles me fizeram derramar baldes de lágrimas antes da idade em que o coração se interessa pelos romances. Formou-se, assim, no meu, este gosto heroico e romanesco que até hoje não fez outra coisa senão aumentar, e que acabou por desgostar-me de tudo, exceto do que se assemelhava às minhas loucuras. Em minha juventude, quando acreditava encontrar no mundo as mesmas pessoas que conhecera em meus livros, entregava-me sem reservas a quem quer que soubesse enganar-me com um certo jargão de que sempre fui vítima. Era ativo porque era louco, à medida que entendia o engano modificava os gostos, as afeições, os projetos e em todas essas modificações perdia sempre meu esforço e meu tempo, porque procurava sempre o que não existia. Ao tornar-me mais experiente, perdi pouco a pouco a esperança de encontrá-lo e por conseguinte o zelo de procurá-lo. Irritado pelas injustiças que experimentara, pelas que testemunhara, frequentemente afligido pela desordem em que o exemplo e a força das coisas me haviam a mim mesmo arrastado, passei a desprezar meu século e meus contemporâneos e, sentindo que não encontraria entre eles uma situação que pudesse contentar meu coração, separei-o da sociedade dos homens e criei uma outra, em minha imaginação, a qual me encantou tanto mais por podê-la eu cultivar sem dificuldade, sem risco e encontrá-la sempre segura e tal como me era necessária.

Após ter passado quarenta anos de minha vida assim descontente comigo mesmo e com os outros, procurava inutilmente romper os laços que me mantinham atado a essa sociedade que estimava tão pouco e que me acorrentavam às ocupações de que menos gostava por necessidades que eu considerava serem as da natureza e que eram apenas as da opinião. De repente, um feliz acaso veio esclarecer-me quanto ao que eu devia fazer por mim mesmo e quanto ao que devia pensar de meus semelhantes, sobre os quais meu coração estava continuamente em contradição com o meu espírito, e que ainda me sentia levado a amar, com tantas razões para odiá-los.

Gostaria, Senhor, de poder pintar esse momento que fez da minha vida uma época tão singular e que estará sempre presente em mim, mesmo se viver eternamente.

Eu iria visitar Diderot, então prisioneiro em Vinceunes; trazia no bolso um *Mercure de France* que me pus a folhear ao longo do caminho. Caiu-me sob os olhos a questão da Academia de Dijon que ocasionou meu primeiro escrito. Se alguma coisa já se assemelhou a uma inspiração súbita, foi o movimento que se fez em mim diante dessa leitura; de repente, sinto meu espírito ofuscado por mil luzes; multidões de ideias vivas nele se apresentavam ao mesmo tempo, com uma força e uma confusão que me lançaram numa perturbação inexprimível; sinto a cabeça tomada por um atordoamento semelhante à embriaguez. Uma violenta palpitação me oprime e ergue meu peito; não podendo mais respirar ao caminhar, deixo-me cair sob uma das árvores da avenida, e passo meia hora em uma tal agitação que, ao levantar-me, percebi toda a frente do meu casaco molhado de minhas lágrimas sem ter sentido que as derramava. Oh! Senhor, se tivesse podido alguma vez escrever a quarta parte do que vi e senti sob aquela árvore, com que clareza teria feito ver todas as contradições do sistema social, com que força teria exposto todos os abusos de nossas instituições, com que simplicidade teria demonstrado que o homem é naturalmente bom e que é somente por tais instituições que os homens se tornam maus. Tudo o que pude reter dessas multidões de grandes verdades que durante um quarto de hora me iluminaram sob aquela árvore ficou bem frouxamente disperso nos meus três principais escritos, isto é, esse primeiro discurso, aquele sobre a desigualdade e o tratado da educação, três obras que são inseparáveis e formam, juntas, um mesmo todo. Todo o resto ficou perdido e somente foi escrita, no próprio local, a prosopopeia de Fabricius. Eis como, quando menos pensava no fato, tornei-me autor quase a despeito de mim mesmo. É fácil conceber como o atrativo de um primeiro sucesso e as críticas dos escrevinhadores me lançaram seriamente na carreira. Tinha eu algum verdadeiro talento para escrever? Não sei. Uma forte persuasão sempre me serviu de eloquência e sempre escrevi negligentemente e mal quando não estava fortemente persuadido. Assim, talvez seja um retorno oculto de amor próprio que me tenha feito escolher e merecer minha divisa, e me tenha ligado tão apaixonadamente à verdade ou a tudo o que pensei que o fosse. Se tivesse apenas escrito por escrever, estou convencido de que nunca me teriam lido.

Após ter descoberto ou acreditado ter descoberto nas falsas opiniões dos homens a fonte de suas misérias e de sua maldade, senti que somente essas mesmas opiniões já teriam tornado a mim mesmo infeliz e que meus males e meus vícios vinham muito mais de minha situação do que de mim mesmo. Na mesma época, uma doença, cujos primeiros acessos sentira desde a infância, tendo-se declarado absolutamente incurável, apesar de todas as promessas dos falsos curandeiros dos quais não fui por muito tempo otário, julguei que se quisesse ser consequente e expulsar de uma vez por todas de meus ombros o pesado jugo da opinião, não tinha nem um momento a perder. Tomei repentinamente o meu partido com bastante coragem e até agora o mantive bastante bem, com uma firmeza cujo preço somente eu posso sentir porque somente eu sei quais foram os obstáculos que tive e ainda tenho de combater todos os dias para manter-me continuamente na contracorrente. Sinto, contudo, que nos últimos dez anos tenho me desviado um pouco, mas, se pensasse ter ainda apenas quatro para viver, ver-me-iam sacudir-me pela segunda vez e remontar pelo menos ao meu primeiro nível para de lá nunca mais descer novamente. Pois todas as grandes provas passaram e para mim está doravante demonstrado, pela experiência, que o estado em que me coloquei é o único em que o homem pode viver bom e feliz, visto que é o mais independente de todos e o único em que nunca nos encontramos, para nossa própria vantagem, na necessidade de prejudicar os outros.

Confesso que o renome que me deram meus escritos muito facilitou a execução do partido que tomei. É preciso ser considerado bom autor para tornar-se impunemente mau copista, e não deixar de ter trabalho por isso. Sem este primeiro título, poderiam com demasiada facilidade tomar-me ao pé da letra quanto ao outro, e talvez isso me tivesse mortificado; pois facilmente faço frente ao ridículo, mas não suportaria tão bem o desprezo. Mas, se alguma reputação me confere, neste ponto, um pouco de vantagem, ela é bem compensada por todos os inconvenientes ligados a essa mesma reputação, quando dela não se quer ser escravo e quando se quer viver isolado e independente. Foram, em parte, esses inconvenientes que me expulsaram de Paris e que, perseguindo-me ainda em meu asilo, expulsar-me-iam com toda a certeza mais longe por pouco que minha saúde venha a restabelecer-se. Um outro de meus flagelos naquela grande cidade eram aquelas multidões de pretensos amigos que se haviam apoderado de mim e que, julgando meu coração pelos seus, queriam absolutamente tornar-me feliz à sua maneira e não à minha. Perseguiram-me no desespero de meu retiro para tirar-me de lá. Não pude manter-me nele sem tudo romper. Somente sou de fato livre a partir desse tempo.

Livre! Não, ainda não o sou. Meus últimos escritos não estão ainda impressos, e tendo em vista o deplorável estado de minha pobre máquina, não espero mais sobreviver à impressão da coletânea de todos: porém, se contra a minha expectativa posso chegar até lá e despedir-me uma vez por todas do público, acreditai, Senhor, que serei livre ou que então nunca um homem o terá sido. Oh! *Utinam!* Oh! Dia, três vezes feliz! Não, não me será dado vê-lo.

Não disse tudo, Senhor, e tereis talvez ainda pelo menos uma carta a suportar. Felizmente, nada vos obriga a lê-las, e talvez isso vos importunaria muito. Mas perdoai-me, por favor; para copiar novamente essas longas miscelâneas, seria preciso reescrevê-las, e na verdade não tenho a coragem de fazê-lo. Tenho, de fato, muito prazer em vos escrever, mas não tenho menos o de repousar, e meu estado não me permite escrever por muito tempo sem interrupção.

III
Ao Senhor de Malesherbes

Montmorency, 26 de janeiro de 1762.

Após vos ter exposto, Senhor, os verdadeiros motivos de minha conduta, gostaria de vos falar de meu estado moral em meu retiro; mas sinto que é muito tarde; minha alma alienada de si mesma pertence toda ao meu corpo. A deterioração de minha pobre máquina a mantém a cada dia ligada a ele, e isso até que ela se separe enfim, de repente. É de minha felicidade que desejaria falar-vos e fala-se mal da felicidade quando se sofre.

Meus males são obra da natureza, mas minha felicidade é minha obra. Digam o que disserem, fui sábio, visto que fui feliz tanto quanto minha natureza mo permitiu: não fui procurar longe minha felicidade, procurei-a perto de mim e lá a encontrei.

Espartano diz que Símile, cortesão de Trajano, tendo, sem nenhum descontentamento pessoal, abandonado a Corte e todos os seus cargos para ir viver tranquilamente no campo, mandou colocar estas palavras em seu túmulo: "Permaneci 76 anos na Terra e vivi 7". Eis o que posso dizer, num certo sentido, embora meu sacrifício tenha sido menor. Somente comecei a viver em 9 de abril de 1756.[1]

Não saberia dizer, Senhor, como me senti tocado ao ver que me consideráveis o mais infeliz dos homens. O público, sem dúvida, pensará como vós, e é isso ainda que me aflige. Oh! Se a sorte de que gozei fosse conhecido por todo o universo! Cada um desejaria conseguir um destino semelhante; a paz reinaria na Terra; os homens não pensariam mais em se prejudicar e não mais haveria maus se ninguém tivesse interesse em sê-lo. Mas, de que gozava eu, enfim, quando estava só? De mim, do universo inteiro, de tudo o que é, de tudo o que pode ser,

---

1 Data em que Rousseau se instala, com Thérèse Le Vasseur, em Montmorency, como hóspede de Madame d'Epinay, e onde começou a redação da *Nouvelle Héloïse*. (N.T.)

de tudo o que tem de belo o mundo sensível, e de imaginável o mundo intelectual: reunia ao meu redor tudo o que podia afagar meu coração, meus desejos estavam na medida de meus prazeres. Não, jamais os mais voluptuosos conheceram tais delícias, e gozei cem vezes mais com minhas quimeras do que com a realidade.

Quando minhas dores me fazem tristemente medir a duração das noites e quando a agitação da febre me impede de provar um único instante de sono, distraio-me muitas vezes de meu estado presente, pensando nos diversos acontecimentos de minha vida, e os arrependimentos, as doces lembranças, os lamentos, o enternecimento partilham o cuidado de fazer-me esquecer por alguns momentos meus sofrimentos. Que época pensaríeis, Senhor, que lembro com mais frequência e maior boa vontade em meus sonhos? Não são os prazeres de minha juventude, eles foram demasiadamente raros, demasiadamente misturados às amarguras, e já estão demasiadamente longe de mim. São os de meu retiro, são meus passeios solitários, são aqueles dias rápidos, mas deliciosos que passei inteiramente a sós comigo mesmo, com minha boa e simples governanta,[2] com meu cão bem-amado, minha velha gata, com os pássaros do campo e as corças da floresta, com a natureza inteira e seu inconcebível autor. Ao levantar-me antes do Sol para ir ver, contemplar, seu nascer em meu jardim, quando via começar um belo dia, meu primeiro desejo era que nem cartas nem visitas viessem perturbar seu encanto. Após ter consagrado a manhã a diversas diligências, que realizava, todas, com prazer porque podia adiá-las para outra hora, apressava-me em almoçar para escapar aos importunos e dispor de uma tarde mais longa. Antes de uma hora, mesmo nos dias mais quentes, eu saía sob o sol forte com o fiel Acates,[3] apressando o passo por medo de que alguém viesse apoderar-se de mim antes que eu tivesse podido esquivar-me; mas, desde que pudera dobrar uma certa esquina, com que batidas do coração, com que louco entusiasmo começava a respirar sentindo-me a

---

2 Sua mulher, Thérèse Le Vasseur. (N.T.)
3 Rousseau dá ao cão o nome de um dos companheiros de Enéias, que o acompanhou em sua fuga de Troia. (N.T.)

salvo e dizendo a mim mesmo: "Eis-me senhor de mim pelo resto deste dia!" Já então, com passos mais tranquilos, ia procurar algum lugar selvagem na floresta, algum lugar deserto, onde nada vindo mostrar a mão dos homens viesse anunciar a servidão e a dominação, algum asilo onde pudesse crer ter sido o primeiro a penetrar e onde nenhum outro importuno viesse interpor-se entre a natureza e mim.[4] Era lá que ela parecia desfraldar a meus olhos uma magnificência sempre nova. O ouro das giestas e a púrpura das urzes impressionavam meus olhos com um luxo que tocava meu coração, a majestade das árvores que me cobriam com sua sombra, a delicadeza dos arbustos que me rodeavam, a espantosa variedade das ervas e das flores que eu esmagava sob os pés mantinham meu espírito em uma contínua alternância de observação e admiração: o concurso de tantos objetos interessantes que disputavam minha atenção, atraindo-me continuamente de um a outro, favorecia meu humor sonhador e preguiçoso,

---

4 O tom e o estilo já anunciam com dezesseis anos de antecedência os das *Rêveries*. (N.T.)

e fazia-me muitas vezes repetir comigo mesmo: "Não, Salomão em toda a sua glória nunca se vestiu como um deles".

Minha imaginação não deixava por muito tempo deserta a terra assim ornada. Povoava-me logo de seres segundo o desejo de meu coração, e, expulsando bem longe a opinião, os preconceitos, todas as paixões factícias, transportava para os asilos da natureza homens dignos de habitá-los. Formava com eles uma sociedade encantadora da qual não me sentia indigno. Criava um século de ouro segundo minha fantasia e enchia aqueles belos dias com todas as cenas da minha vida que me haviam deixado doces lembranças, e com todas aquelas que meu coração podia ainda desejar, enternecia-me até às lágrimas com os verdadeiros prazeres da humanidade, prazeres tão deliciosos, tão puros, e que estão agora tão longe dos homens. Oh! Se naqueles momentos alguma ideia de Paris, de meu século e de minha pequena gloríola de autor viesse perturbar meus devaneios, com que desdém expulsá-la-ia no mesmo instante, para entregar-me sem distração aos sentimentos deliciosos que enchiam minha alma! Contudo, em meio a tudo aquilo, confesso-o, o nada de minhas quimeras vinha, às vezes, contristá-la de repente. Mesmo que todos os meus sonhos se tivessem tornado realidade, eles não me teriam bastado; eu teria imaginado, sonhado, desejado ainda. Encontrava em mim um vazio inexplicável que nada teria podido preencher, um certo ímpeto do coração para um outro tipo de gozo do qual não tinha a menor ideia e do qual, contudo, senti a necessidade. Pois bem, Senhor, mesmo aquilo era gozo, visto que me sentia penetrado por um sentimento muito vivo e uma tristeza sedutora que eu desejaria não ter.

Em breve, da superfície da terra, eu elevava as ideias a todos os seres da natureza, ao sistema universal das coisas, ao ser incompreensível que enlaça tudo. Então, com o espírito perdido naquela imensidão, eu não pensava, não raciocinava, não filosofava; sentia-me, com uma espécie de volúpia, esmagado pelo peso daquele universo, entregava-me com arrebatamento à confusão daquelas grandes ideias, gostava de perder-me, em imaginação, no espaço; meu coração, encerrado nos limites dos seres, sentia-se por demais apertado, eu sufocava no universo, teria desejado lançar-me no infinito. Creio que, se tivesse revelado todos os mistérios da natureza, ter-me-ia em uma situação menos deliciosa do que aquele assombroso êxtase ao qual meu espírito se entregava sem reservas e que, na agitação de meus arroubos, fazia-me exclamar algumas vezes: "Oh! Grande ser! Oh! Grande ser", sem poder dizer nem pensar mais nada.

Assim, corriam, em um delírio contínuo, os dias mais encantadores pelos quais alguma vez tenha passado uma criatura humana e, quando o pôr do sol me fazia pensar na volta, espantado com a rapidez do tempo, julgava não ter aproveitado suficientemente meu dia, pensava em poder gozar mais ainda e para compensar o tempo perdido dizia a mim mesmo: "Voltarei amanhã".

Voltava passo a passo, a cabeça um pouco fatigada, mas com o coração contente, descansava agradavelmente ao voltar, entregando-me à impressão dos objetos, porém sem pensar, sem imaginar, sem fazer nada além de sentir a calma e a felicidade da minha situação. Encontrava a mesa posta em meu terraço. Jantava com muito apetite com minha pequena criadagem, nenhuma imagem de servidão e de dependência perturbava a estima que nos unia a todos. Mesmo meu cão era meu amigo, não meu escravo, tínhamos sempre a mesma vontade, mas ele nunca me obedeceu. Minha alegria durante todo o serão provava que vivera sozinho o dia inteiro; eu era bem diferente quando em companhia, sentia-me raramente satisfeito com os outros e nunca comigo. À noite, mostrava-me resmungão e taciturno: esta observação é de minha governanta; e, desde que ela mo disse, achei-a sempre correta ao observar-me. Enfim, após ter dado ainda algumas voltas em meu jardim ou ter cantado alguma melodia em minha espineta, encontrava em meu leito um repouso de corpo e de alma cem vezes mais doce do que o próprio sono.

São esses os dias que fizeram a verdadeira felicidade da minha vida, felicidade sem amargura, sem aborrecimentos, sem lamentações, e à qual eu teria de bom grado limitado toda a de minha existência. Sim, Senhor, se tais dias preenchem para mim a eternidade, não peço outros, e não imagino que eu seja muito menos feliz nessas arrebatadoras contemplações do que as inteligências celestes. Mas um corpo que sofre retira ao espírito sua liberdade; doravante não estou mais só, tenho um hóspede que me importuna, preciso libertar-me dele para estar comigo mesmo e o fato de ter experimentado aqueles doces gozos de nada mais serve a não ser para fazer-me esperar com menor terror o momento de saboreá-los sem desatenção.

Mas, eis-me já ao final de minha segunda folha. Contudo, precisaria ainda de mais uma. Portanto, ainda uma carta e depois não mais. Perdão, Senhor. Embora goste demais de falar de mim, não gosto de falar com todo mundo, é o que me faz abusar da ocasião quando a tenho e quando me agrada. Eis meu erro e minha desculpa. Peço-vos que a aceiteis de bom grado.

IV
A M[ALESHERBES]

Montmorency, 28 de janeiro de 1762.

Mostrei-vos, Senhor, no secreto de meu coração os verdadeiros motivos de meu retiro e de toda a minha conduta; motivos bem menos nobres, sem dúvida, do que o supuseste, contudo, tal como eles, tornam-me contente comigo mesmo e me inspiram a altivez da alma de um homem que se sente bem ordenado e que, tendo tido a coragem de fazer o que era preciso para sê-lo, acredita poder atribuir o mérito a si próprio. De mim dependia não criar-me um outro temperamento ou um outro caráter, mas sim tirar partido do meu para tornar-me bom para comigo mesmo e de forma nenhuma mau para com os outros. Isso é muito, Senhor, e poucos homens podem dizer o mesmo. Também não vos dissimularei que, apesar do sentimento de meus vícios, tenho por mim uma alta estima.

Vossos letrados gritarão em vão que um homem sozinho é inútil a todo o mundo e não cumpre com seus deveres na sociedade. Quanto a mim, considero os camponeses de Montmorency membros mais úteis da sociedade do que todos esses bandos de desocupados pagos com o dinheiro do povo para ir seis vezes por semana tagarelar numa academia, e estou mais contente em poder, se for necessário, dar algum prazer a meus pobres vizinhos do que ajudar a elevar essas multidões de pequenos intrigantes de que Paris está cheia, que aspiram, todos, à honra de serem malandros da praça e que para o bem público, assim como para os seus próprios, deveriam ser enviados a lavrar a terra em suas províncias. Não é pouca coisa dar aos homens o exemplo da vida que deveriam todos levar. Não é pouca coisa quando não se tem mais nem força nem saúde para trabalhar com os próprios braços, ousar, de seu retiro, fazer ouvir a voz da verdade. Não é pouca coisa advertir os homens da loucura das opiniões que os tornam miseráveis. Não é pouca coisa ter podido contribuir para impedir ou para adiar, pelo menos em minha pátria, o estabelecimento pernicioso que, para cotejar Voltaire a nossas expensas, d'Alembert queria que se realizasse entre nós. Se tivesse vivido em Genebra, não teria podido publicar a epístola dedicatória do Discurso sobre a desigualdade, nem mesmo falar contra o estabelecimento da comédia, no tom com que o fiz. Eu seria muito mais inútil aos meus compatriotas vivendo no meio deles do que posso sê-lo, eventualmente, de meu retiro. Que importa onde moro se estou agindo onde devo agir? Aliás, os habitantes de Montmorency serão menos homens do que os parisienses, e, quando posso dissuadir algum deles a enviar seu filho a corromper-se na cidade, farei um bem menor do que se pudesse enviá-lo novamente da cidade ao lar paterno? Somente minha indigência não me impediria de ser inútil de modo como o intentem todos esses bem-falantes, e, visto que somente como pão na medida em que o ganho, não sou forçado a trabalhar para minha subsistência e pagar à sociedade toda a necessidade que dela posso ter? É verdade que recusei ocupações que não me eram próprias; não sentindo em mim o talento que podia fazer-me merecer o bem que me quiseste fazer, aceitá-lo teria sido roubá-lo a algum homem de letras tão indigente quanto eu e mais capaz desse trabalho; em mo oferecendo, suponhais que eu estava em condição de fazer uma súmula, que podia ocupar-me com matérias que me eram indiferentes e, não sendo isso verdade, eu vos teria enganado, ter-me-ia tornado indigno de vossas bondades se tivesse me conduzido de maneira diferente da que eu fiz; nunca se é desculpável por fazer mal o que se faz voluntariamente: eu estaria agora descontente comigo mesmo e vós também; e eu não saborearia o prazer que sinto ao vos escrever. Enfim, enquanto minhas forças mo permitiram, ao trabalhar para mim, fiz de acordo com minha capacidade tudo o que pude, pela sociedade; se pouco fiz por ela, dela exigi ainda menos, e acredito-me tão quite para com ela na condição em que estou que, se pudesse doravante repousar completamente e viver apenas para mim, eu faria isso sem escrúpulos. Pelo menos, afastarei de mim, com todas as minhas forças, o importuno do ruído público. Mesmo que vivesse ainda cem anos, não escreveria nem uma linha para a imprensa, e somente acreditaria estar recomeçando verdadeiramente a viver quando estivesse totalmente esquecido.

Confesso, todavia, que pouco faltou para que não me tivesse comprometido no mundo e não tivesse abandonado minha solidão, não por desgosto para com ela, mas por um gosto não menos vivo que a ela quase preferi. Seria preciso, Senhor, que conhecêsseis o estado em que me encontrava, desamparado e abandonado por todos os meus amigos, e a profunda dor que afetava minha alma quando o Senhor e a Senhora de Luxembourg desejaram conhecer-me para julgar a impressão que causaram em meu coração aflito, seus gestos de aproximação e suas demonstrações de carinho. Eu estava morrendo; sem eles, teria infalivelmente morrido de tristeza, eles me devolveram a vida, é muito justo que eu a use para amá-los.

Tenho o coração muito amoroso, mas que pode bastar-se a si mesmo. Amo por demais os homens para ter a necessidade de escolher entre eles; amo-os a todos, e é porque os amo que odeio a injustiça; é porque os amo que fujo deles, sofro menos com seus males quando não os vejo. Esse interesse pela espécie basta para alimentar meu coração; não preciso de amigos íntimos, porém, quando os possuo, tenho uma grande necessidade de não perdê-los, pois, quando se afastam, dilaceram-me. E, nesse ponto, são tanto mais culpados por lhes pedir eu apenas amizade e que, contanto que me amem e que eu o saiba, nem mesmo tenho necessidade de vê-los. Porém, quiseram sempre colocar no lugar do sentimento cuidados e serviços que o público via e com os quais eu não sabia o que fazer. Quando os amava, quiseram que se pensasse que me amavam. Quanto a mim, que desprezo em tudo as aparências, não me contentei com isso, e, não encontrando outra coisa, preferi não mais discutir o assunto. Eles não cessaram precisamente de me amar, apenas descobri que não amavam.

Pela primeira vez em minha vida, senti, portanto, de repente, o coração sozinho, e isso, sozinho também em meu retiro e quase tão doente quanto o estou hoje. Foi nessas circunstâncias que começou esta nova afeição que tão bem me compensou de todas as outras e da qual nada me compensará, pois durará, espero, tanto quanto minha vida e, aconteça o que acontecer, será a última. Não posso dissimular-vos, Senhor, que tenho uma violenta aversão pelos estamentos que dominam os outros, faço mesmo mal em vos dizer que não posso dissimulá-lo, pois não tenho nenhuma dificuldade em vo-lo confessar, a vós, nascido de um sangue ilustre, filho do Chanceler da França e Primeiro Presidente de uma Corte Soberana; sim, Senhor, a vós que me fizestes mil benefícios sem me conhecer e a quem, apesar de minha ingratidão natural, nada me custa ser agradecido. Odeio os grandes, odeio seu estado, sua dureza, seus preconceitos, sua pequenez, e todos os seus vícios, e odiá-los-ia muito mais se os desprezasse menos. Foi com esse sentimento que fui como que arrastado ao Castelo de Montmorency; vi seus senhores, eles me amaram e eu, Senhor, eu os amei e os amarei tanto quanto viver, com todas as forças de minha alma: por eles daria, não digo a minha vida, o dom seria fraco no estado que me encontro, não digo minha reputação entre meus contemporâneos com a qual eu não me preocupo; mas a única glória que já tocou o meu coração, a honra que espero da posteridade e que ela me dará porque me é devida e porque a posteridade é sempre justa. Meu coração, que não sabe afeiçoar-se pela metade, deu-se a eles sem reservas e não me arrependo, arrepender-me-ia mesmo inutilmente, pois não seria mais o momento de desdizer-me. No calor do entusiasmo que me inspiraram, por cem vezes estive a ponto de pedir-lhes um asilo em sua casa para nela passar o resto de meus dias junto a eles e eles mo teriam concedido com alegria mesmo se, pelo modo que fizeram, não devo me considerar precedido por seus oferecimentos. Esse projeto é por certo um dos que meditei mais longamente e com maior satisfação. Contudo, foi preciso sentir afinal, a meu malgrado, que ele não era bom. Eu só pensava na afeição das pessoas sem pensar nos intermediários que nos teriam mantido afastados e os havia de tantos tipos, sobretudo no incômodo ligado a meus males, que um tal projeto somente é escusável pelo sentimento que o inspirara. Aliás, a forma de vida que teria sido necessária choca por demais diretamente todos os meus gostos, todos os meus hábitos, eu não poderia ter resistido nem mesmo três meses. Enfim, teríamos em vão aproximado nossas moradas, pois, permanecendo a distância sempre a mesma entre os estamentos, essa intimidade deliciosa, que é o maior encanto de uma estreita sociedade, teria sempre faltado à nossa. Eu não teria sido nem amigo nem criado do Sr. Marechal de Luxembourg; teria sido seu hóspede; sentindo-me fora de minha casa, teria muitas vezes desejado ardentemente meu antigo asilo e é cem vezes preferível estar afastado das pessoas que amamos e desejar estar junto a elas a expor-se a desejar o contrário. Uma aproximação de alguns graus teria talvez revolucionado minha vida. Imaginei cem vezes em meus sonhos o Sr. de Luxembourg não como Duque, mas como Marechal da França, mas como um bom Fidalgo de Província morando em algum velho castelo, e J.-J. Rousseau não como autor, não como fazedor de livros, mas como um espírito medíocre e com alguns conhecimentos, apresentando-se ao Senhor Castelão e à Senhora, sendo-lhes agradável, encontrando perto deles a felicidade de sua vida e contribuindo para a deles; se, para tornar o sonho mais agradável, vós me permitísseis empurrar com o ombro o Castelo de Malesherbes a uma distância de meia légua de lá, parece-me, Senhor, que, sonhando dessa maneira, eu não teria por muito tempo desejo de acordar.

Mas agora está feito; nada mais me resta a fazer senão terminar o longo sonho; pois todos os outros estão doravante ultrapassados, e é muito, se posso ainda prometer a mim mesmo algumas das horas deliciosas que passei no Castelo de Montmorency. Seja como for, eis-me exatamente como me sinto afetado, julgai, partindo de toda esta confusão, se valho a pena, pois nela eu não saberia pôr mais ordem, e não tenho coragem de recomeçar. Se este quadro, por demais verídico, retirar-me vossa benevolência, terei cessado de usurpar o que não me pertencia; porém, se eu a conservar, ela se tornará ainda mais cara, como se me pertencesse ainda mais.

Textos autobiográficos

Fragmento biográfico[*]

Quantos preconceitos, erros e males comecei a perceber em tudo o que produz a admiração dos homens! Essa visão causava-me dor e inflamava minha coragem; acreditei sentir-me animado por um zelo mais belo do que o do amor-próprio, tomei a pena e, resolvido a esquecer de mim, consagrei as produções a serviço da verdade e da virtude.

Tal resolução parecia inspirar-me de gênio e de uma alma nova. A viva persuasão que ditava meus escritos dava-lhes um calor de fazer suprir, algumas

---

[*] Fragmento escrito provavelmente no inverno de 1755-6 e publicado nas *Oeuvres et correspondance inédites de Jean-Jacques Rousseau* [Obras e correspondências inéditas de Jean-Jacques Rousseau] em 1861 por Streckeisen-Mouton, cf. nota da edição de Bernard Gagnebin e Marcel Raymond das *Oeuvres complètes de Jean-Jacques Rousseau* (Paris: Gallimard, 1959, Bibliothèque de la Pléiade, v.I). (N. T.)

vezes, a força do raciocínio; elevado, por assim dizer, acima de mim mesmo pela sublimidade de meu assunto, eu era como esses advogados mais célebres do que eloquentes, que são considerados grandes oradores porque defendem grandes causas, ou melhor, como esses pregadores evangélicos que pregam sem arte, mas que comovem por estarem comovidos. O que torna a maioria dos livros modernos tão frios, mesmo com tanto espírito, é que os autores não acreditam em nada do que dizem e nem mesmo se preocupam em fazer com que os outros acreditem. Desejam brilhar e não convencer; têm somente um objetivo, a reputação, e, se acreditassem que a alcançariam mais seguramente por meio de um sentimento contrário ao seu, nenhum deles hesitaria em trocá-lo. Mas, para falar bem, é uma grande vantagem dizer sempre o que se pensa, a boa-fé serve de retórica; a honestidade, de talento, e nada se parece mais com a eloquência do que o tom de um homem profundamente persuadido.

Fui atacado por todos os lados, e como não o teria sido? Tivera algum sucesso no mundo e maltratara os sábios. Aliás, todos estavam tão acostumados a confundir a sabedoria com o saber que, mesmo as pessoas de bem, sentiam-se alarmadas ao verem acusado aquilo que haviam admirado por tanto tempo. O zelo da virtude pôs a pena em uma dessas mãos assustadoras que seguram o gládio; o mesmo zelo me fez retomá-la a meu turno. Um grande príncipe[1] dignou-se a atacar-me como filósofo; ousei responder como homem livre, feliz por fazer o bem com tão poucos riscos. O que custaria dizer a verdade aos reis se lhes custasse tão pouco ouvi-la?

Todavia, a disputa tornou-se acalorada entre o público; meus adversários multiplicaram-se. Fui esmagado pelas refutações sem nunca ser refutado, porque absolutamente não se refuta a verdade. É difícil conceber a leviandade com que uma multidão de autores tomava a pena à porfia, para resolver de mil maneiras três ou quatro lugares-comuns elementares; em seus escritos nunca se viu raciocínio nem reflexão, acreditando unirem-se contra mim apenas se entredestruíram, as provas de um serviriam de réplica para o outro e bastaria-me opô-las

---

1 Referência a Estanislau Leczinski, rei da Polônia (1677-1766). (N.T.)

para vencê-los. Um só merece exceção.[2] Ele sabia pensar e escrevia bem, tomou partido na querela, publicou não contra mim, como os outros, mas contra meu sentimento, dois discursos cheios de espírito, de intenções e muito agradáveis de serem lidos, mas é certo que com isso apenas apoiou seu gênio em seus preconceitos e deu um belo colorido aos erros comuns.

Respondi com todo o calor que dá o amor da Verdade, e se quiserem, o zelo por nossas próprias opiniões diante das pessoas de má-fé, cujo interesse as faz falar contra suas luzes. Admirava como se podia escrever com tão pouco cuidado e sem nenhuma reflexão sobre assuntos em relação aos quais eu meditara durante quase toda a minha vida, sem ter podido esclarecê-los suficientemente, e surpreendia-me sempre por não encontrar, nos escritos de meus adversários, uma só objeção que eu já não tivesse visto e rejeitado como indigna de atenção. Deixei transparecer

---

[2] Charles Bordes (1711-81), membro da Academia de Lyon e autor de escritos libertinos e antirreligiosos, que se tornou mais tarde inimigo de Rousseau. (N.T.)

meu desdém em minhas réplicas e defendia a verdade com um ardor pouco digno de tão boa causa; pelo menos, não imitei meus adversários em suas personalidades e não lhes devolvi nenhuma invectiva como as que me prodigavam, limitando-me sempre a mostrar que raciocinavam mal. Porém, fechava-me em vão em meu assunto, nunca pude levá-los a ele, achavam sempre melhor atacar minha pessoa do que minhas razões ou perdiam-se em declamações vagas, que nada influíam no assunto, e a disputa acabou sem que eu tivesse podido alguma vez conduzir algum deles ao verdadeiro estado da questão.

Enquanto a multidão dos pedantes e dos artistas inquietava-se puerilmente com tal querela, como se a riqueza e a ociosidade pudessem dispensá-los de seus talentos, e a questão dizia respeito a costumes em um século tão corrompido; enquanto os filósofos, que não temem que o verdadeiro gênio cesse algum dia de brilhar, digeriam em segredo essas novas questões, eu me esforçava por aprofundá-las e por remontar ao princípio único e fundamental que devia servir para resolvê-las. Estudava o homem em si mesmo e vi ou acreditei ver enfim, em sua constituição, o verdadeiro sistema da natureza, como não se deixou de chamar o meu, embora, para estabelecê-lo, apenas tivesse retirado do homem o que eu mostrava ter ele dado a si mesmo, mas absolutamente não me apressei em desenvolver essas novas ideias, o exemplo de meus adversários ensinava-me quanto é preciso refletir e meditar antes de produzir, e sempre acreditei que é uma espécie de respeito que os autores devem ao público o fato de somente falar após ter pensado muito no que eles têm a dizer. Assim, durante dois ou três anos, gozei o prazer de vê-los continuamente regar as folhas da árvore cuja raiz eu cortara secretamente.

... e mais ainda as conversas desse virtuoso filósofo[3] cuja amizade, imortalizada em seus escritos, faz a glória e a felicidade de minha vida, e esse gênio surpreendente, universal e talvez único, cujo preço seu século ignora, mas que o futuro terá dificuldade em vê-lo apenas como homem...[4]

---

3 Trata-se provavelmente de Denis Diderot (1713-84), naquele momento ainda amigo de Rousseau. (N.T.)
4 Os parágrafos a seguir aparecem entre colchetes porque encontram-se nos manuscritos mas não seguem a sequência do texto.

[Mas é preciso lançar o véu do esquecimento sobre tais momentos errôneos e evitar imputar a uma nação hospitaleira e honesta o delírio de alguns insensatos. Quanto a mim, como poderia arrepender-me por não ter falado da música francesa com maior respeito do que das ciências, dos filósofos, dos grandes e mesmo dos soberanos, por não ter abandonado o tom verídico e franco que a natureza me concedeu para adquirir o de um devoto da Ópera de Paris? De que modo, digo, com o respeito que devo ao povo francês, jamais poderia pensar que ele quisesse mancomunar-se com um bando de histriões destinados à eterna zombaria de todos os estrangeiros e de três quartos dos franceses, seus compatriotas? Como poderia acreditar que um povo que brilha com tanta luz, que possui tantos talentos estimáveis, que enriquece a Europa com tantos escritos imortais e cuja sociedade me parece preferível à do resto dos homens, tenha podido acreditar em sua glória interessada na pretensão de uma música insuportável exatamente para aqueles que admiram sua língua e de um talento do qual recusam, ao mesmo tempo, essa mesma língua, a razão, a natureza, o ouvido e o juízo unânime de todos os povos do mundo?

Rousseau retoma todo esse trecho mais adiante com outra redação. (N. RT.)

Sei distinguir a honra do nome francês do vil interesse dos histriões e dos fazedores de ópera, da vaidade das mulheres e dos jovens que têm a presunção de distinguir-se por meio de um canto ridículo. Nunca pensarei, embora a urbanidade francesa tenha bastante duramente faltado ao respeito comigo...]

[Mais ou menos na mesma época, tive a infelicidade de encontrar-me implicado em uma contestação de consequências muito diferentes para o meu repouso e tanto mais perigosa por ser o assunto mais frívolo. Tratava-se de música, matéria mais importante do que toda a filosofia entre pessoas que cantam mais do que raciocinam. Quanto a mim, estava muito seguro naquele caso e confesso, para minha vergonha, que, durante toda a vida, ocupei-me com a música muito mais do que convém a um homem sábio e esta arte de comunicar os sentimentos por meio de sons inspirou-me sempre uma paixão que merecia perfeitamente ser punida e moderada por um pouco de inquietação. Desde a infância, amei a música francesa, a única que conhecia, ouvi música na Itália e amei-a sem desgostar da outra, a preferência recaía sempre sobre a que ouvia por último. Foi somente após ter ouvido ambas no mesmo dia, no mesmo teatro, que a ilusão se desvaneceu e senti até que ponto o hábito pode fascinar a natureza e fazer-nos considerar bom o que é mau, e belo o que é horrível. Contudo, eu ouvia dizer que cada língua possui sua harmonia, seu acento, seus sons e uma música que lhe é própria; e esse era o discurso dos mais sábios, pois, ao gosto dos outros, só havia como música suportável a francesa. Espantadíssimos por não encontrar ares franceses no canto italiano, muitos raciocinavam como aquele burguês de Molière[5] que acredita que todo o segredo das línguas que não compreende é o de dizer palavras sem nenhum sentido.]

Sei quanto é difícil defender-se das ilusões do coração e não enganar a si mesmo sobre os motivos que nos fazem agir. Relato simplesmente o que acreditei sentir, sem afirmar que não fiz por vaidade, porém sempre considerei pouco perigosos todos os movimentos que somente nos levam a coisas honestas e que nos fazem realizar com prazer o que faríamos igualmente com as mais puras intenções.

***

... de essas pessoas ociosas, tão abundantes em Paris que, por falta de ocupação, tornam-se árbitras do belo que nunca sentiram, passam a vida a ocupar-se

---

5 Referência a *Le Bourgeois Gentilhomme* [O burguês ridículo]. (N.T.)

de música sem amá-la, de pintura sem conhecê-la e a considerar como gosto pelas artes a vaidade de ser incensado pelos bajuladores e brilhar aos olhos dos tolos.[6]

Foi mais ou menos na mesma época que tive a infelicidade de encontrar-me implicado em uma contestação de consequências muito diferentes para a minha tranquilidade e tanto mais perigosa por ser o assunto mais frívolo. O gosto por uma arte que eu amara e cultivara mais do que convém a um homem sábio e na qual acreditava ter feito alguma descoberta fez-me falar da música e dos dançarinos com a mesma liberdade com que falava da ciência e dos sábios, do governo e dos reis. Mas aprendi logo, arriscando meu repouso, minha vida e minha liberdade, que há tempos e lugares em que as frivolidades devem ser tratadas com maior circunspecção do que as coisas graves e que, em geral, a intolerância do mau gosto não é menos cruel do que a das falsas religiões. É preciso lançar o véu do esquecimento so-

---

6 Este parágrafo aparece como nota na edição de Streckeisen-Mouton, de 1861. (N.T.)

bre os momentos errôneos e evitar imputar a uma nação hospitaleira e honesta o delírio de alguns insensatos. Sei distinguir a honra do nome francês do vil interesse dos histriões e fazedores de ópera e da vaidade de algumas mulheres e jovens que têm a presunção de distinguir-se por meio de um canto ridículo. Embora a urbanidade francesa tenha, em alguns momentos, faltado ao respeito comigo, nunca pensarei que um povo tão doce, que brilha com tantas luzes, que possui tantos talentos apreciáveis, que enriquece a Europa com tantas obras imortais e cuja sociedade me parece preferível à do resto dos homens, tenha podido acreditar em sua glória interessada na pretensão de uma música insuportável para qualquer ouvido não preparado e de um talento do qual recusam, ao mesmo tempo, sua própria língua, a razão, a natureza, o ouvido e o juízo unânime de todos os povos do mundo.

Por ocasião dessa *Carta sobre a música francesa*,[7] o público viu-se inundado por escritos polêmicos de

---

7 Referência à *Lettre sur la musique française* (publicada em 1753), texto no qual Rousseau se posiciona a favor da ópera italiana con-

um novo gênero. Percebi logo a diferença que havia entre essa querela e a precedente e entre o tom dos letrados e o dos músicos. Evitei entrar numa disputa em que se tratava de tudo, exceto da questão, e que me parecia ser mais da alçada da polícia do que do raciocínio. Na verdade, como provar aos outros que eu não era um tolo, um imbecil, uma besta, um ignorante, eu que teria tido muita dificuldade para prová-lo corretamente a mim mesmo.

Entre todos esses libelos, surgiram algumas brochuras que os inimigos de um célebre artista ousaram atribuir-lhe: uma, entre outras, que continha algumas verdades cujo título começava por estas palavras *Erreurs sur la musique*.[8] O autor (sem dúvida, um farsista de mau gosto) nela criticava com bastante malignidade a obscuridade dos escritos desse grande músico. Censurava-me, como um crime, por

---

tra os partidários da ópera francesa, na polêmica que ficou conhecida como "a querela dos bufões". (N.T.)

8 Referência a *Erreurs sur la musique dans l'Encyclopédie* [Erros sobre a música na enciclopédia], texto anônimo publicado em 1755 no qual o autor critica, entre outras coisas, a ópera *As musas galantes*, de Rousseau. Sabe-se hoje que o autor era Rameau. (N.T.)

eu me fazer entender, dava-me essa clareza como prova de minha ignorância e, como prova de grande saber do Sr. Rameau, dava seus raciocínios tenebrosos, tanto mais úteis, segundo o autor, por serem compreendidos por um menor número de pessoas. Donde se conclui que o filósofo[9] que se dignou dar a conhecer o sistema tão sabiamente escondido nos escritos do Sr. Rameau não expõe menor ignorância em seus luminosos elementos de música do que eu em meus artigos da *Encyclopédie*. Seguindo essa máxima, pode-se dizer que o autor da brochura ultrapassa em saber o próprio Sr. Rameau e Rabelais em habilidade, pela mais ininteligível algaravia já produzida por uma cabeça mal conformada. Todavia nele são apresentadas, de vez em quando, algumas questões interessantes como esta, por exemplo: *se a melodia nasce da harmonia*, e esta outra, *se o acompanhamento deve representar o corpo sonoro*. São ques-

---

9 Trata-se de Jean le Ronde d'Alembert (1717-83), matemático e coeditor, junto com Diderot, da *Encyclopédie*. Autor de *Éléments de musique, théorique et pratique, suivant les principes de M. Rameau* [Elementos da música, teórica e prática, segundo os princípios de M. Rameau] (1752). (N.T.)

tões que, mais bem tratadas, pareceriam anunciar ideias e que terei a ocasião de examinar em meu *Dictionnaire de musique*.[10]

O que deve justificar totalmente o Sr. Rameau por tomar parte na zombaria dessa brochura, na qual, para ridicularizá-lo, finge-se fazer com que ele se louve continuamente a si mesmo, é um fato antigo citado a respeito de minha ópera das *Musas galantes* e cuja lembrança ele provavelmente evitaria levantar. Pelo menos não sei se é suficientemente humilde para falar dela ele mesmo, o que sei é que a obra e as testemunhas ainda perduram; quanto a mim, esqueci tudo.

Falamos demais das canções, voltemos a coisas mais sérias; tantas querelas que renascem continuamente inspiraram-me reflexões que teria sido melhor tê-las feito há mais tempo, mas que, embora tardias, tiveram seu efeito. Que via eu naquela saraivada de escritos que se lançavam todos os dias contra mim? Invectivas contínuas e defesas inábeis em

---

10 Referência ao *Dicionário de música*, publicado em 1767. (N.T.)

que letrados afirmavam que as letras são o apoio do Estado, músicos franceses que diziam não haver nada mais belo do que a música francesa, fazedores de óperas francesas que sustentavam que a ópera francesa é a obra-prima do espírito humano, escritos nos quais, sem pudor e sem reserva, o interesse e a animosidade nem mesmo se dignavam a usar a máscara da verossimilhança para enganar o público. Vi que, em todas as disputas literárias, nunca se trata de ter razão, mas de ser o último a falar, não se trata de verdade, mas de vitória, e que um simples pedante, que seu adversário nem mesmo se digna a olhar, não deixa de colocar-se entre os concorrentes, menos para combater do que para estar por um momento à vista.

Meu retrato*

1

Leitores, penso de boa vontade em mim mesmo e falo como penso. Dispensai-vos, portanto, de ler este prefácio[1] se não gostais que se fale de si mesmo.

2

Aproximo-me do fim da vida e não fiz nenhum bem na Terra. Tenho boas intenções, mas nem sempre é tão fácil fazer o bem que se pensa. Concebo

---

* Estes fragmentos foram redigidos provavelmente entre 1761-2 e publicados três vezes no século XIX: em 1834 (por J. Ravenel) e em 1861 (nas edições de Streckeisen-Mouton e de J. Sandoz). Os 24 folhetos que compõem o texto foram numerados por Bernard Gagnebin e Marcel Raymond e publicados nas *Oeuvres complètes de Jean-Jacques Rousseau*, op. cit. (N.T.)

1 Rousseau pode estar se referindo ao prefácio de um escrito autobiográfico ou mesmo da edição geral de sua obra. (N.T.)

um novo gênero de serviço para prestar aos homens: o de oferecer-lhes a imagem fiel de um deles a fim de que aprendam a conhecer-se.[2]

3

Sou observador, e não moralista. Sou o botânico que descreve a planta. É ao médico que cabe regular seu uso.

4

Mas sou pobre e, quando o pão estiver a ponto de faltar-me, não conheço maneira mais honesta de tê-lo do que viver de minha própria obra.

Há muitos leitores a quem essa ideia poderá impedi-los de prosseguir. Não conceberão que um homem que precise de pão seja digno de ser conhecido. Não é para eles que escrevo.

5

Sou suficientemente conhecido para que se possa facilmente verificar o que digo, e para que meu livro se levante contra mim se eu estiver mentindo.

---

2 Em 1761, Rousseau tem 47 anos. Não se sabe que destino daria ele a este escrito. (N.T.)

6

Vejo que as pessoas que vivem mais intimamente comigo não me conhecem e que atribuem a maior parte de minhas ações, seja para o bem, seja para o mal, a motivos totalmente diferentes dos que as produziram. Isso me fez pensar que a maioria dos caracteres e dos retratos que se encontram nos historiadores são apenas quimeras que, com um pouco de espírito, um autor torna facilmente verossímeis e que ele associa às principais ações de um homem, assim como um pintor dispõe sobre os cinco pontos uma figura imaginária.

7

É impossível que um homem constantemente relacionado na sociedade e incessantemente ocupado em fingir diante dos outros não finja um pouco consigo mesmo e, ainda que tivesse tempo de estudar-se, ser-lhe-ia quase impossível conhecer-se.

8

Se até mesmo os príncipes são pintados pelos historiadores com alguma uniformidade, não é, como se pensa, porque estejam em evidência e sejam facilmente vistos, mas porque o primeiro a pintá-los é copiado por todos os outros. Não há possibilidade de que o filho de Lívia se parecesse com o Tibério de Tácito, contudo é assim que o vemos todos e gostamos mais de ver um belo retrato que um retrato semelhante.[3]

9

Todas as cópias de um mesmo original se assemelham, mas fazei retratar o mesmo rosto por diversos pintores, dificilmente esses retratos terão entre si a menor relação; são todos bons ou qual é o verdadeiro? Julgai os retratos da alma.

10

Afirmam que é por vaidade que se fala de si mesmo. Pois bem, se esse sentimento está em mim, por

---

3 Lívia Drusa Augusta (58 a.C.-29 d.C.), também chamada de Lívia Drusila, foi mulher de Tibério Cláudio Nero, com quem teve um filho que recebeu o mesmo nome do pai. Separou-se do marido para casar-se com o imperador romano Augusto (63 a.C.-14 d.C.), que adotou Tibério como filho e, depois, nomeou-o seu sucessor. Tibério (42 a.C.-37 d.C.) assumiu o Império Romano em 14 d.C. Tácito (55--120 d.C.), historiador romano, descreve Tibério enfatizando os aspectos negativos do governo desse imperador. (N.T.)

que escondê-lo-ia? Será por vaidade que se mostra sua vaidade? Talvez caísse nas graças das pessoas modestas, mas é a vaidade dos leitores que vai subtilizando a minha.

11

Se sair um momento da regra, dela me afastarei cem léguas. Se tocar na bolsa que acumulo com tanta dificuldade, logo estará tudo dissipado.

12

Por que seria bom dizê-lo? Para valorizar o resto, para estabelecer o acordo no todo; os traços do rosto somente não fazem efeito, porque lá estão todos; se faltar um, o rosto estará desfigurado. Quando escrevo, não penso nesse conjunto, penso apenas em dizer o que sei, e é disso que resultam o conjunto e a semelhança do todo com seu original.

13

Estou persuadido de que importa ao gênero humano que meu livro seja respeitado. Na verdade, creio que não seria possível conduzir-se por demais honestamente com o autor. Não é preciso corrigir os homens por falarem sinceramente de si mesmos. De mais a mais, a honestidade que exijo não é penosa. Que nunca me falem de meu livro e ficarei contente. O que não impedirá que cada um não possa dizer ao público o que pensa dele, pois não lerei nenhuma palavra de tudo isso. Tenho o direito de me acreditar capaz dessa reserva, ela não será minha aprendizagem.

14

Não me preocupo em ser notado, mas, quando me notarem, não me aflijo se o for de maneira um pouco distinta e preferiria ser esquecido por todo o gênero humano a ser visto como um homem comum.

15

Sobre esse assunto tenho uma reflexão sem objeção a fazer; é que, pelo modo como sou conhecido no mundo, tenho menos a ganhar do que a perder, mostrando-me como sou. Mesmo que quisesse fazer-me respeitar, passaria por um homem tão singular que, como cada um gosta de exagerar, só posso me respaldar sobre a voz pública; ela me servirá mais do que os próprios louvores. Assim, consultando apenas meu próprio interesse, seria mais correto deixar que os outros falem de mim do que falar eu mesmo. Mas, talvez, por uma reviravolta de amor-próprio, eu prefira que digam menos bem e que falem mais. Ora, se deixasse falar o público, que já tanto falou, temeria muito que, em pouco tempo, ele não falasse mais.[4]

16

Não quero ser mais agradável aos outros do que a mim; pois, não podendo retratar-me ao natural sem retratá-los a eles próprios, farei, se quiserem, como os devotos católicos, confessar-me-ei por eles e por mim.

17

De resto, não me cansarei de protestar minha sinceridade: se ela não se percebe nesta obra, se ela não der testemunho de si mesma, é preciso acreditar que ela aqui não se encontra.

---

4 Isso é bastante verossímil, mas não o sinto claramente.

18

Eu fora feito para ser o melhor amigo que já tivesse existido, mas aquele que deveria retribuir-me está assim por vir. Ai de mim, estou na idade em que o coração começa a retrair-se e não se abre mais a novas amizades. Adeus, pois, doce sentimento que tanto procurei, é tarde demais para ser feliz.

19

Conheci um pouco o tom das sociedades, os assuntos que nelas tratamos e a maneira de tratá-los. Onde está a grande maravilha de passar a vida em conversas ociosas, a discutir sutilmente o pró e o contra e a estabelecer um ceticismo moral que torna indiferente aos homens a escolha do vício e da virtude?

20

O inferno do mau é o de estar reduzido a viver só consigo mesmo, mas é o paraíso do homem de bem e não há para ele espetáculo mais agradável do que o de sua própria consciência.

21

Uma prova de que tenho menos amor-próprio do que os outros homens ou de que o meu é feito de outro modo é a facilidade que tenho de viver só. Diga-se o que se disser, não se procura ver o mundo, senão para ser visto por ele, e creio que se pode sempre estimar a importância que dá um homem à aprovação dos outros pelo seu empenho em procurá-la. É verdade que se tem grande cuidado em cobrir o motivo desse empenho com a dissimulação das belas palavras, sociedade, deveres, humanidade. Creio que seria fácil provar que o homem que mais se afasta da sociedade é aquele que menos a prejudica e que o maior de seus inconvenientes é o de ser por demais numerosa.

22

O homem civil quer que os outros estejam satisfeitos com ele; o solitário é forçado a sê-lo, caso contrário sua vida lhe será insuportável. Assim, o segundo é forçado a ser virtuoso, mas o primeiro pode ser apenas um hipócrita e talvez seja forçado a sê-lo, se é verdade que as aparências da virtude valem mais do que sua prática para agradar aos homens e abrir o próprio caminho entre eles. Os que desejarem discutir esse ponto podem passar os olhos sobre o discurso de [Rousseau deixa espaço em branco] no segundo livro da *República* de Platão. Que faz Sócrates para refutar esse discurso? Ele estabeleceu uma República ideal na qual prova perfeitamente que cada um será estimado na proporção em que for estimável e que o mais justo será também o mais feliz. Pessoas de bem que procurais a sociedade, ide, pois, viver na de Platão. Mas todos os que gostam de viver entre os maus não se gabem de ser bons.

23
Creio que não há homem sobre cuja virtude se possa contar menos do que aquele que procura a maior aprovação dos outros; é fácil, confesso, dizer que tal coisa não preocupa; mas, nesse caso, é preciso reportar-se menos ao que um homem diz do que ao que ele faz.

24
Em tudo isso, não é de mim que falo, pois sou solitário somente porque sou doente e preguiçoso, é quase certo que, se fosse são e ativo, faria como os outros.

25
Esta casa possivelmente contém um homem feito para ser meu amigo. Uma pessoa digna de minhas homenagens passeia talvez todos os dias neste parque.

26

Para dinheiro e refeições estão sempre prontos; em vão recuso ou recebo mal, eles nunca desanimam e me importunam continuamente com solicitações que me são insuportáveis. Sou esmagado por coisas com as quais absolutamente não me preocupo. As únicas que eles me recusam são as únicas que me seriam doces. Um doce sentimento, uma terna confidência está ainda por vir da parte deles e dir-se-ia que prodigam sua fortuna e seu tempo para poupar seu coração.

27

Como nunca me falam deles, é preciso mesmo que eu lhes fale de mim, apesar de minhas hesitações.

28

Tantos outros laços os dominam, tantas pessoas os consolam de mim que nem mesmo percebem minha ausência; caso se queixem, não é porque sofram com isso, mas é porque sabem bem que eu mesmo sofro e porque não veem que me é menos duro sentir sua falta no campo do que não poder gozar de sua presença na cidade.

29

Somente reconheço como verdadeiros benefícios os que podem contribuir para a minha felicidade e são esses que me penetram de gratidão; mas certamente o dinheiro e os dons não contribuem para isso e, quando cedo às longas inoportunidades de um oferecimento cem vezes reiterado, é antes um incômodo que assumo para adquirir o repouso do que uma vantagem que consigo. Seja qual for o preço de um presente oferecido e custe o que custar ao que o oferece, como me custa ainda receber, é aquele de onde ele vem que me é devedor. Cabe a ele não ser ingrato; isso supõe, é verdade, que minha pobreza não me seja absolutamente onerosa e que eu não vá à procura dos benfeitores e dos benefícios; esses sentimentos que sempre professei em alta voz provam esse fato. Quanto à verdadeira amizade, é coisa totalmente diferente. Que importa que um dos amigos dê ou receba e que os bens comuns passem de uma mão à outra, lembram que se amaram e tudo foi mencionado, podem esquecer o resto. Confesso que esse princípio é bastante cômodo quando se é pobre e se possui amigos ricos. Mas há uma diferença entre os meus amigos ricos e pobres: os primeiros me procuraram, e os outros eu procurei. Cabe aos primeiros fazer-me esquecer sua opulência. Por que eu fugiria de um amigo que vive na opulência enquanto ele souber me fazer esquecê-la? Não basta que eu lhe escape no momento em que me lembrar?

30

Nem mesmo gosto de perguntar pela rua onde tenho afazeres, porque dependo, neste ponto, daquele que vai me responder. Prefiro vagar duas horas procurando inutilmente; trago um mapa de Paris no bolso: com a ajuda dele e de uma luneta finalmente sei onde estou, chego enlameado, extenuado, muitas vezes tarde demais, mas bem consolado por não dever nada senão a mim mesmo.

31

Não levo mais em consideração a dor passada, mas gozo ainda do prazer que não mais existe. Somente me aproprio da pena presente e meus trabalhos passados me parecem de tal maneira estranhos que quando recebo seu preço parece-me que gozo o trabalho de outra pessoa. O que há de bizarro nesse fato é que, quando alguém se apodera do fruto de meus esforços, todo o meu amor-próprio desperta, sinto muito mais a privação daquilo que me retiram do que teria sentido a posse se mo tivessem deixado; a meu agravo pessoal acrescenta-se meu furor contra toda injustiça e é duplamente injusto, diante de minha cólera, ser injusto comigo.

32
Insensível à cobiça, sou muito ligado à posse; não me preocupo absolutamente em adquirir, mas não posso suportar a perda, e isso tanto na amizade quanto nos bens.

33
... De certos estados de alma que não estão ligados somente aos acontecimentos de minha vida, mas aos objetos que foram mais familiares durante tais acontecimentos. De modo que eu não poderia lembrar um desses estados sem sentir ao mesmo tempo minha imaginação modificar-se, assim como o haviam feito meus sentidos e meu ser quando o experimentavam.

34

As leituras que fiz quando estive doente não me agradam mais do que quando estou saudável. É uma desagradável memória local que me devolve, com as ideias do livro, as dos males que sofri ao lê-lo. Por ter folheado Montaigne[5] durante um ataque de cálculos, não o posso mais ler com prazer em meus momentos de relaxamento. Ele atormenta mais minha imaginação do que satisfaz meu espírito. Essa experiência torna-me tão exageradamente comedido que, por medo de retirar-me um alívio, eu os recuso todos e quase não ouso mais, quando sofro, ler um dos livros que amo.

35

Só faço alguma coisa ao passear, o campo é o meu gabinete; o aspecto de uma mesa, do papel e dos livros causa-me tédio, o aparato do trabalho desencoraja-me, se sento para escrever, nada encontro, e a necessidade de ter espírito me retira dali.

---

5 Michel de Montaigne (1533-92). Rousseau escreve segundo a grafia da época. (N.T.)

Lanço meus pensamentos esparsos e sem sequência sobre pedaços de papel, em seguida, costuro tudo aquilo como posso e é assim que faço um livro. Julgai que livro! Sinto prazer em meditar, procurar, inventar, o que é desagradável é pôr tudo em ordem, e a prova de que tenho menos raciocínio do que espírito é que as transições são sempre o que mais me custa, isso não me aconteceria se as ideias se ligassem bem em minha cabeça. De resto, minha perseverança natural fez-me lutar propositadamente contra essa dificuldade, sempre quis dar sequência a todos os meus escritos, e eis a primeira obra que dividi em capítulos.

36

Lembro-me de ter assistido uma vez em minha vida à morte de um cervo, e me recordo também que, diante daquele nobre espetáculo, fui menos impressionado pelo alegre furor dos cães, inimigos naturais do animal, do que pelo furor dos homens que se esforçavam por imitá-los. Quanto a mim, considerando o desespero do infeliz animal e suas lágrimas comoventes, senti quanto a natureza é desprezível e prometi a mim mesmo que nunca me veriam novamente em semelhante festa.

37

Não é impossível que um autor seja um grande homem; mas não será fazendo livros, seja em versos ou em prosa, que ele se tornará tal.

38

Nunca Homero ou Virgílio foram chamados grandes homens, embora sejam enormes poetas. Alguns autores cansam-se de chamar o poeta Rousseau[6] de o grande Rousseau enquanto estou vivo. Quando eu estiver morto, o poeta Rousseau será um grande poeta. Mas não será mais o grande Rousseau. Pois, se não é impossível que um autor seja um grande homem, não será fazendo livros, seja em verso ou em prosa, que ele se tornará tal.

---

6 Jean-Baptiste Rousseau (1671-1741), poeta. (N.T.)

Esboços das confissões (1764)

1
As confissões de J.-J. Rousseau
(contendo os detalhes dos acontecimentos
de sua vida e de seus sentimentos secretos
em todas as situações em que se encontrou)

Observei frequentemente que, mesmo entre aqueles que têm a presunção de melhor conhecer os homens, cada um conhece apenas a si mesmo, se é de fato verdade que alguém se conheça; pois como determinar corretamente um ser somente pelas relações que estão nele mesmo e sem as comparar com nada? Todavia, este conhecimento imperfeito que se tem de si mesmo é o único meio que se usa para conhecer os outros. Criamos regras para tudo e eis exatamente onde nos espera a dupla ilusão do amor-

-próprio; seja atribuindo falsamente aos que julgamos os motivos que nos teriam feito agir como eles em seu lugar; seja nesta mesma suposição, enganando-nos sobre nossos próprios motivos, na falta de saber nos transportar suficientemente para uma outra situação que não aquela em que nos encontramos.

Fiz estas observações sobretudo em relação a mim, não nos meus julgamentos sobre os outros, tendo-me sentido de repente uma espécie de ser à parte, mas naqueles que os outros fizeram a meu respeito; julgamentos quase sempre falsos nas razões que davam de minha conduta e tanto mais falsos geralmente, porque os que o faziam possuíam mais espírito. Quanto mais sua regra era extensa, mais a falsa aplicação que dela faziam os afastava do objeto.

Partindo dessas observações, resolvi fazer com que meus leitores dessem mais um passo no conhecimento dos homens, afastando-os, se possível, dessa regra única e incorreta de julgar sempre o coração do outro pelo seu próprio; enquanto, pelo contrário, muitas vezes para conhecer o seu próprio seria necessário começar por ler no coração do outro. Quero fazer com que, para aprender a apreciar nós mesmos, possamos pelo menos ter um ponto de comparação; que cada um possa conhecer a si e a um outro, e este outro serei eu.

Sim, eu, somente eu, pois até agora não conheço nenhum outro homem que tenha ousado fazer o que me proponho. Histórias, vidas, retratos, caracteres! O que é tudo isso? Romances engenhosos construídos sobre ações exteriores, sobre alguns discursos que a elas se referem, sobre sutis conjeturas em que o autor procura muito mais brilhar pessoalmente do que encontrar a verdade. Apreendem-se os traços relevantes de um caráter, ligando-os por meio dos traços inventados e, contanto que o todo adquira uma fisionomia, o que importa que ela seja parecida? Ninguém pode julgar esse ponto.

Para bem conhecer um caráter seria necessário distinguir o adquirido do natural, ver como ele se formou, que ocasiões o envolveram, que encadeamento de afecções secretas o tornou assim e como ele se modifica para produzir, algumas vezes, os mais contraditórios e mais inesperados efeitos. O que se vê é apenas a menor parte do que existe; é o efeito aparente cuja causa interna está escondida e muitas vezes está muito complicada. Cada um adivinha a seu modo e pinta segundo sua fantasia; ele não tem medo de que se confronte a imagem com o modelo, e como nos fariam conhecer esse modelo interior que aquele que o pinta em um outro não poderia ver, e que aquele que o vê em si mesmo não quer mostrar?

Ninguém pode escrever a vida de um homem a não ser ele mesmo. Sua maneira interior de ser, sua verdadeira vida só ele a conhece; mas ao escrevê-la ele a disfarça; com o nome de sua vida, faz sua apologia; mostra-se como quer ser visto, mas de forma alguma tal como é. Os mais sinceros são verdadeiros no máximo no que dizem, porém mentem com suas reticências, e o que calam transforma de tal maneira o que fingem confessar que, ao dizer apenas uma parte da verdade, não dizem nada. Não coloco Montaigne à frente desses falsos sinceros que desejam enganar dizendo a verdade. Ele se mostra com seus defeitos, mas somente atribui a si os amáveis; não há homem que não possua alguns odiosos. Montaigne se retrata parecido, porém de perfil. Quem sabe se algum lanho na face ou um olho vazado no lado que nos escondeu não teria transformado totalmente sua fisionomia? Um homem mais fútil do que Montaigne, entretanto mais sincero, é Cardano.[1] Infelizmente este mesmo Cardano é tão louco que não se pode extrair nenhuma instrução de seus devaneios. Aliás, quem desejaria ir pescar tão raras informações em dez volumes *in folio* de extravagâncias?

Portanto, é certo que, se eu cumprir corretamente meus compromissos, terei feito uma coisa única e útil. E que não me objetem que, sendo eu apenas um homem do povo, nada tenho a dizer que mereça a atenção dos leitores. Isso pode ser verdade quanto aos acontecimentos de minha vida: mas escrevo menos a história desses acontecimentos em si mesmos do que a do estado de minha alma, à medida que se deram. Ora, as almas somente são mais ou menos ilustres na medida em que possuem sentimentos mais ou menos grandes e nobres, ideias mais ou menos vivas e numerosas. Os fatos são aqui apenas causas ocasionais. Não importa se tive de viver

---

[1] Girolamo Cardano, filósofo, médico e matemático italiano (1501- -76). (N.T.)

em alguma obscuridade, se pensei mais ou melhor do que os reis, a história da minha alma é mais interessante do que a deles.

Digo mais. Se dermos algum valor à experiência e à observação, estou nesse sentido na mais vantajosa posição em que talvez um mortal tenha se encontrado, visto que, sem ter eu mesmo nenhum estado, conheci todos os estados; vivi em todos desde os mais baixos até os mais elevados, excetuando o trono. Os grandes só conhecem os grandes, os pequenos só conhecem os pequenos. Estes veem os primeiros somente por meio da admiração por suas posições e somente são vistos com um desprezo injusto. Nas relações por demais longínquas, o ser comum a ambos, o homem, escapa-lhes igualmente. Quanto a mim, preocupado em afastar sua máscara, reconheci-o em toda parte. Pesei, comparei seus gostos respectivos, seus prazeres, seus preconceitos, suas máximas. Admitido entre todos como um homem sem pretensões e sem importância, examinei-os à vontade; quando cessavam de dissimular, eu podia comparar o homem ao homem, o estado ao estado. Nada sendo, nada querendo, eu não embaraçava nem importunava ninguém: entrava em toda parte sem fazer questão de nada, almoçando, às vezes, pela manhã com os príncipes e ceando à noite com os camponeses.

Se não possuo a celebridade da posição e do nascimento, tenho outro que me é mais próprio e que adquiri melhor; possuo o renome das infelicidades. A fama das minhas encheu a Europa; os sábios ficavam espantados, os bons se afligiram: todos enfim compreenderam que eu conhecera melhor do que eles este século erudito e filósofo: eu vira que o fanatismo que acreditavam aniquilado estava apenas disfarçado; eu o dissera antes que ele tirasse a máscara[2] e não esperava que fosse eu a fazer com que a tirasse. A história desses acontecimentos, digna da pena de Tácito, deve ter algum interesse sob a minha pena. Os fatos são públicos e todos podem conhecê-los; porém, trata-se de encontrar suas causas secretas. Naturalmente ninguém deve tê-las visto melhor do que eu; mostrá-las é escrever a história de minha vida.

---

2 Ver o Prefácio de meu primeiro Discurso, impresso em 1750.

Os acontecimentos foram tão variados, senti paixões tão vivas, vi tantas espécies de homens, passei por tantos tipos de estados que, no espaço de cinquenta anos, pude viver vários séculos se soube aproveitar de mim mesmo. Tenho, pois, tanto no número dos fatos quanto em suas espécies, tudo o que é necessário para tornar minhas narrativas interessantes. Talvez, apesar disso, elas não o sejam, mas não será pela culpa do assunto, será pela do escritor. Na vida mais brilhante em si mesma, o mesmo defeito poderia ser encontrado.

Se meu empreendimento é singular, a posição que me faz realizá-lo não é menos. Entre os meus contemporâneos, há poucos homens cujo nome seja mais conhecido na Europa e cujo indivíduo seja mais ignorado. Meus livros corriam pelas cidades, enquanto seu autor somente corria pelas florestas. Todos me liam, todos me criticavam, todos falavam de mim, mas em minha ausência; eu estava tão longe dos discursos quanto dos homens; eu não sabia nada do que diziam. Cada um me imaginava segundo sua fantasia, sem medo de que o original viesse a desmenti-lo. Havia um Rousseau na alta sociedade e um outro no retrato que em nada se assemelhava a ele.

Afinal de contas, não é que eu tenha de queixar-me dos discursos públicos a meu respeito;[3] se algumas vezes me dilaceraram sem considerações, frequentemente me honraram também. Isso dependia das diferentes disposições em que se encontrava o público a meu respeito, e segundo suas prevenções favoráveis ou contrárias, ele não tinha mais medidas tanto no bem quanto no mal. Enquanto só me julgaram por meus livros, segundo o interesse e o gosto dos leitores, apenas fizeram de mim um ser imaginário e fantástico que trocava de rosto em cada escrito que publicava. Mas, uma vez que tive inimigos pessoais, eles criaram para si sistemas de acordo com suas intenções, sobre as quais, de comum acordo, estabeleceram minha reputação que não podiam destruir completamente. Para não parecer criar um papel odioso, não me acusavam de más ações, verda-

---

3 Eu escrevia este trecho em 1764 já com 52 anos e muito longe de prever a sorte que me esperava naquela idade. Eu teria agora muitas coisas a modificar neste artigo; não modificarei absolutamente nada.

deiras ou falsas ou, se o faziam, era imputando-as à minha má cabeça, de maneira, contudo, a fazer crer que à força de simples bondade eles se enganavam fazendo com que seus corações fossem honrados às expensas do meu. Porém, fingindo escusar minhas faltas, magoavam meus sentimentos, e parecendo ver-me sob um aspecto favorável, sabiam expor-me a um aspecto muito diferente.

Um tom tão correto tornou-se cômodo. Com o ar mais generoso, denegriam-me com bondade; por efusão de amizade, tornavam-me detestável, ao lamentar-me, despedaçavam-me. Foi assim que, poupado nos fatos, fui cruelmente tratado no caráter e que, louvando-me, conseguiram tornar-me odioso. Nada era mais diferente de mim do que tal pintura: eu não era melhor, se quiserem, mas era outro. Não me faziam justiça nem no bem nem no mal: ao conceder-me virtudes que eu não possuía, faziam de mim um mau, e, pelo contrário, com vícios que ninguém conhecia, eu me sentia bom. Se tivesse sido julgado melhor, teria podido perder entre o vulgo, mas teria ganhado entre os sábios e nunca aspirei senão aos sufrágios destes últimos.

Eis não apenas os motivos que me fizeram realizar este empreendimento, mas também as garantias de minha fidelidade em executá-lo. Visto que meu nome deve permanecer entre os homens, não quero, de forma nenhuma, que carregue entre eles uma reputação mentirosa; não quero, de forma nenhuma, que me deem virtudes ou vícios que não possuía, nem que me pintem com traços que não foram os meus. Se tenho algum prazer em pensar que viverei na posteridade, é pelas coisas que para mim contam mais do que as letras de meu nome; prefiro que me conheçam com todos os meus defeitos e que seja eu mesmo, a que o façam com qualidades forjadas, sob um personagem que me é estranho.

Poucos homens fizeram coisas piores do que eu, e nunca alguém disse sobre si mesmo o que tenho a dizer sobre mim. Não há vício de caráter cuja confissão não seja mais fácil de fazer do que o de uma ação negra ou baixa, e podemos ter certeza de que aquele que ousa confessar tais ações confessará tudo. Eis a dura, porém, segura prova de minha sinceridade. Serei verdadeiro, sê-lo-ei sem reservas; direi tudo; o bem, o mal, tudo enfim. Cumprirei rigorosamente meu título e jamais a mais temerosa devota fez um melhor exame de consciência do que aquele para o qual estou me preparando; ela nunca abriu mais escrupulosamente a seu confessor todas as pregas de sua alma como vou abrir ao público todas as minhas. Que comecem somente a ler-me baseados em minha palavra; não irão longe sem ver que desejo mantê-la.

Para o que tenho a dizer, precisaria inventar uma linguagem tão nova quanto meu projeto: pois que tom, que estilo escolher para destrinçar este caos imenso de sentimentos tão diversos, tão contraditórios, frequentemente tão vis e algumas vezes tão sublimes pelos quais fui incessantemente perturbado? Quantas ninharias, quantas misérias não me é necessário expor, em que detalhes, revoltantes, indecentes, pueris e tantas vezes ridículos não devo entrar para seguir o fio das minhas disposições secretas, para mostrar como cada impressão que marcou minha alma entrou nela pela primeira vez? Enquanto me ruborizo pensando apenas nas coisas que me é necessário dizer, sei que homens duros chamarão ainda de impudência a humilhação das mais penosas confissões; mas é preciso trazer tais confissões ou dissimular-me; pois, se calo alguma coisa, não me conhecerão mais, de tal forma está ligado o todo, de tal forma tudo é uma coisa só em meu caráter e de tal forma esse bizarro e singular conjunto precisa de todas as circunstâncias de minha vida para ser bem revelado.

Se quero fazer uma obra escrita com cuidado como as outras, não me pintarei, dissimular-me-ei. Aqui é de meu retrato que se trata e não de um livro. Vou trabalhar por assim dizer numa câmara escura; não é necessária outra arte além da de seguir exatamente os traços que vejo marcados. Tomo, portanto, meu partido quanto ao estilo e quanto às coisas. Não me esforçarei, portanto, para torná-lo uniforme; terei sempre o que vier espontaneamente, modificá-lo-ei segundo meu humor, sem escrúpulo, direi cada coisa como a sinto, como a vejo, sem procura, sem sofrimento, sem embaraçar-me com a miscelânea. Ao entregar-me ao mesmo tempo à lembrança da impressão recebida e ao sentimento presente, pintarei duplamente o estado de minha alma, isto é, no momento em que o fato aconteceu e no momento em que o descrevi; meu estilo desigual e natural, ora rápido e ora difuso, ora sábio e ora louco, ora grave e ora alegre, fará ele próprio parte de minha história. Enfim, seja qual for a maneira pela qual esta obra poderá ser escrita, será sempre por seu objetivo, um livro precioso para os filósofos: é, eu o repito, um ponto de comparação para o estudo do coração humano e é a única que existe.

Eis o que eu tinha a dizer sobre o espírito com que escrevo minha vida, sobre aquele com que deve ser lida, e sobre o uso que dela se pode tirar. As ligações que tive com várias pessoas forçam-me a delas falar com tanta liberdade quanto de mim mesmo. Não posso fazer-me conhecer bem sem fazê-las conhecer também e não se deve esperar que, dissimulando nesta ocasião o que não pode ser silenciado sem prejudicar as verdades que devo dizer, eu tenha com outras pessoas cautelas que não tive comigo mesmo. Contudo, desagradar-me-ia muito comprometer seja quem for, e a resolução que tomei de não deixar publicar estas memórias enquanto for vivo é um efeito das considerações que desejo ter para com meus inimigos em tudo o que não interesse à execução de meu desígnio. Tomarei mesmo as medidas mais certas para que este escrito somente seja publicado quando os fatos que ele contém, com o passar do tempo, ter-se-ão tornado indiferentes a todo mundo e somente o depositarei em mãos bastante seguras para que dele nunca se faça qualquer uso indiscreto. Quanto a mim, seria pouco punido se ele fosse publicado estando eu mesmo ainda em vida e não lamentaria a estima de quem quer que pudesse desprezar-me após o ter lido. Digo sobre mim coisas muito odiosas e das quais teria horror de querer desculpar-me; mas também é a história mais secreta de minha alma, são rigorosamente minhas confissões. É justo que minha reputação expie o mal que o desejo de conservá-la me fez cometer. Espero os discursos públicos, a severidade dos julgamentos proferidos em alta voz e a eles me submeto. Mas que cada leitor me imite, que mergulhe em si mesmo como eu fiz, e que, no fundo de sua consciência, diga a si mesmo, se ousar fazê-lo: *sou melhor do que foi esse homem*.

2

Como *Mademoiselle* Lambercier[4] tinha para conosco cuidados de mãe, ela exercia também sua autoridade. Esse direito a colocava na situação de nos infligir, às vezes, o castigo comum das crianças. Antes de tê-la recebido, eu temia essa correção mais do que a morte. Ao experimentá-la, não a achei tão terrível, embora nunca tenha feito alguma coisa para merecê-la, tinha mais propensão para desejá-la do que para temê-la. A recatada *Mademoiselle* Lambercier, tendo sem dúvida notado por algum sinal que o castigo não alcançava sua finalidade, declarou que renunciava a ele porque a fatigava demais, e tive algum desgosto, sem saber por que, ao vê-la manter sua palavra.

Essa conduta em uma moça de 30 anos que sabe o que está fazendo pareceu-me digna de nota. Outra coisa que o é quase igualmente é a data. Isso aconteceu em 1721, e eu ainda não tinha 9 anos.

---

4 Irmã do pastor Lambercier, de Bossey, perto de Genebra. Mantivemos em francês o título Mademoiselle, porque o correspondente atual, senhorita, surge em português somente no século XIX e, mesmo assim, com conotação pejorativa, o que não corresponde ao texto de Rousseau. (N.T.)

Ignoro o porquê dessa sensualidade precoce; a leitura dos romances talvez a tivesse acelerado; o que sei é que ela influiu sobre o resto de minha vida, sobre meus gostos, sobre meus costumes, sobre minha conduta. Vejo o encadeamento de tudo aquilo; é útil seguir seus rastros; mas como marcá-la nestas folhas sem sujá-las?

Esta primeira emoção dos sentidos imprimiu-se de tal forma em minha memória que, quando, ao final de alguns anos, ela começou a exaltar minha imaginação, foi sempre sob a forma que a produzira, e, quando o aspecto das jovens e belas moças me causava inquietação, o efeito era sempre o de passar da ideia à obra e dela fazer outras tantas *Demoiselles* Lambercier.

A obstinação com tais imagens voltava à menor ocasião, o ardor com que inflamavam meu sangue, os atos extravagantes aos quais me levava o desejo de vê-las realizadas não era o que se passava de mais estranho em mim. Uma educação modesta e severa enchera meu coração de sentimentos honestos e de um horror invencível pela devassidão; todas as ideias que se reportavam a ela inspiravam-me aversão, desgosto, pavor. O simples pensamento da união dos sexos parecia-me tão infame que teria diminuído o ardor de minhas imaginações lascivas, se tivesse vindo ao mesmo tempo.

Desse singular contraste que separava em meu espírito coisas tão próximas, resultou em efeito não menos singular. O que devia perder-me salvou-me por muito tempo de mim mesmo. Na idade da puberdade, o que me ocupava desviou-se do que devia temer. Uma ideia enganando a outra excitava-me sem corromper-me; como minhas agitações não desembocavam em nada, eram por isso mais torturantes, porém não me inspiravam outra vergonha senão a de agir por tanto tempo como criança. Essa única razão tornava-me discreto quanto às minhas fantasias; achava-as pueris, mas não libertinas. Não era possível ser mais pudicamente luxurioso.

Foi por essa bizarra separação de ideias que, com uma imaginação inflamada de amor e um sangue abrasado de sensualidade quase desde a infância, escapei, contudo, de descaminhos precoces que esgotam e perdem a maioria dos jovens. Mais tarde, o exemplo da baixeza de meus companheiros, longe de vencer meu desgosto, aumentava-o. Encarava as meretrizes somente com horror e, graças aos cuidados das pessoas sábias que me haviam criado, o instinto da natureza escondia-se tão bem em minhas fantasias que, após já ter feito viagens bastante grandes e vivido entre todo tipo de pessoas, eu atingira meus 19 anos sem que meu sexo me fosse bem conhecido.

Mais instruído, conservei sempre minha primeira reserva em relação às mulheres. Somente o amor me perdeu, nunca a devassidão; meus sentidos foram sempre dirigidos por meu coração: a vergonha que conserva os costumes jamais me abandonou, e tanto quanto posso atingir os germes mais profundos de minhas paixões secretas, essa vergonha foi ainda em parte obra de meus primeiros gostos, sempre subsistentes. Para que se tornar empreendedor para obter os prazeres desejados apenas pela metade? Somente aqueles de que eu não ousava falar podiam conferir todo seu preço aos outros. Aqueles que deveriam ser partilhados podiam ser propostos; mas quem não teria desprezado ridículos cuidados que, por agradar demais àquele que os recebia, prejudicava frequentemente aquele que se dignava recebê-los?

Teria eu então somente costumes regulados porque possuía gostos depravados? Esta consequência seria injusta e exagerada. Uma natureza tímida, um coração terno, uma imaginação romanesca misturavam o amor e a reserva a todos os meus desejos: um gosto constante pela honestidade, a decência, uma aversão pela impudência, pela devassidão, por todos os excessos, foram em mim frutos de uma educação sempre modesta e sã, embora, aliás, muito confusa e pouco continuada; porém, em um caráter doce e sensível à vergonha, os desejos que ela escondia deixaram menos força aos outros. Já disposto a ligar-me às pessoas, e não a seu sexo, já temeroso com o perigo de desagradar, eu me afeiçoava aos atos de submissão; encontrava assim a maneira de aproximar-me de algum modo do objeto de meu desejo, confundindo a atitude de um amante suplicante com a de um escolar penitente. Estar aos joelhos de uma amante imperiosa era para mim o mais doce dos favores. Sente-se que essa maneira de cortejar não trazia progressos muito rápidos, e não punha em grande perigo a virtude daquelas que eram o objeto.

Se eu não sentisse a dificuldade de fazer suportar tantos detalhes pueris, quantos exemplos não daria da força que possuem muitas vezes os menores fatos da infância para marcar os maiores traços do caráter dos homens. Ouso dizer que um dos mais profundamente gravados no meu é uma indomável aversão pela injustiça. A visão de uma ação iníqua, mesmo que eu não tenha nela nenhum interesse pessoal, indigna-me até o furor, a tal ponto que nunca em tal caso conheci grandeza nem poder que me pudesse impedir de demonstrar essa indignação. Ouso acrescentar que ela é tão desinteressada e tão nobre que age menos contra as injustiças, de que sou vítima, do que contra aquelas de que sou testemunha. Quem acreditaria que esse sentimento invencível me vem originariamente de um pente quebrado?

3

Nunca conheceremos o homem. Até agora um mortal só conheceu a si mesmo; se, contudo, alguém conheceu bem a si mesmo, isso não é suficiente para julgar sua espécie nem a posição que ela ocupa na ordem moral. Além de si mesmo, seria necessário conhecer, pelo menos, um de seus semelhantes a fim de distinguir no próprio coração o que pertence à espécie e o que é do indivíduo. Muitos homens, é verdade, pensam conhecer outros, porém se enganam. Pelo menos, tenho motivos para pensar assim pelos julgamentos que fizeram a meu respeito. Pois de todos esses diversos julgamentos, embora feitos por pessoas de muito espírito, sei em minha consciência que não há um só que seja exatamente justo e conforme à verdade.

4

Observei, frequentemente, ao longo de minha vida, que, mesmo entre os que mais têm a presunção de conhecer os homens, cada um só conhece a si mesmo e que, sem quase ultrapassar essa regra, julga-se sempre o coração alheio pelo seu próprio. Quero tentar fazer com que se possa ter pelo menos um ponto de comparação, que cada um possa conhecer a si mesmo e a um outro, e este outro serei eu.

Em lugar de julgar os outros por si mesmo, seria necessário talvez julgar a si mesmo pelos outros, mas sem deter-se na aparência; para isso seria necessário ler em seu coração como se julga ler no seu próprio. Mas é aqui, precisamente, onde nos espera a dupla ilusão do amor-próprio, seja atribuindo aos que julgamos os motivos que nos teriam feito agir no lugar deles, seja nessa própria suposição enganando-nos sobre nossos próprios motivos. Para chegar, portanto, a conhecer-se bem, a regra ou a prova é conhecer bem outra pessoa que não a si mesmo. Sem o que nunca teremos certeza de não estarmos errados.

Contudo, cada um acredita conhecer-se, e o que ele muitas vezes menos conhece é a seu próprio indivíduo. Se estivesse no lugar de alguém assim, agiria de forma diferente, as pessoas se enganam. Se estivessem um dia em seu lugar, fariam exatamente como ele.

5

Escrevo a vida de um homem que não mais existe, mas que conheci bem, que nenhuma alma viva conheceu além de mim e que mereceu sê-lo. Este homem sou eu mesmo. Leitores, lede atentamente esta obra; pois, bem ou mal feita, ela é única em sua espécie. A condição que pode torná-la tal...

6

Custei a vida da melhor das mães. Meu nascimento foi meu primeiro infortúnio.

7

A circunferência do céu que eu via ao meu redor me fizera imaginar o globo do mundo oco e os homens vivendo no centro. Para arrancar-me do erro, meu pai lembrou-se de plantar alfinetes em uma bola de trípoli;[5] custou-me muito imaginar homens na superfície do globo; quando ele chegou à explicação dos Antípodas, aquelas pessoas que eu via de cabeça para baixo não podiam acomodar-se na minha, e, como o sistema de Copérnico me fazia considerar o Sol como o topo do universo, nunca pude compreender bem por que à noite não caíamos no céu. Para o curso do Sol, meu pai possuía uma pequena esfera armilar, mas cansou-se em vão, e eu também, absolutamente nada pude conceber do todo, e ela somente serviu para confundir todas as minhas ideias. Observei mais tarde que todas as crianças estão na

---

5 Trípoli, pedra de polir. (N.T.)

mesma situação; aprendem os nomes dos círculos, dizem de cor seus usos e é tudo; nunca extraem a menor noção verdadeira da marcha do Sol e de sua situação em relação à Terra; o que me faz acreditar que a esfera é um instrumento mal inventado. Todos aqueles círculos imaginários perturbam o espírito de uma criança e a fazem supor outros semelhantes nos céus; se a advertimos de que tais círculos não existem, ela não sabe mais o que está vendo. Para que a esfera a enganasse menos, seria preciso enganá-la menos, dar-lhe proporções diretamente contrárias às que ela comumente possui, isto é, um grande globo e pequenos círculos. Seja como for, minhas primeiras e melhores lições de cosmografia foram tomadas diante da bancada de um relojoeiro com uma bola de trípoli e agulhas como únicos instrumentos.

Não saberia dizer com que avidez eu devorava tais instruções.

8

Ah! Se ele tivesse vivido mais quatro anos para ver o nome de seu filho voar pela Europa! Ai de mim, ele teria morrido de alegria! Ele é feliz por não ver ainda como esses curtos momentos de glória iriam custar caro um dia a este filho infortunado!

9

Mas eu ignorava que, devorando-a assim com o coração e com os olhos, ela mesma me via num espelho que eu não havia percebido. Ela virou-se e me surpreendeu em um arrebatamento que me fazia suspirar ao estender os dois braços em sua direção. Não se pode imaginar nada igual ao súbito pavor de que fui tomado ao ver-me descoberto naquela atitude: empalideci, tremi, senti-me desfalecer. Ela tranquilizou-me ao lançar-me um olhar bastante doce e me indicou com o dedo um lugar melhor aos seus pés. Pode-se julgar que eu não mo fiz dizer duas vezes. Até então tudo talvez fosse bastante simples, mas a continuação daquela pequena manobra me parecia mais estranha: era como se houvesse uma declaração pouco equívoca de ambas as partes e parecia que nada mais devia faltar entre nós na familiaridade de dois amantes declarados. De joelhos diante dela, encontrei-me absolutamente na mais deliciosa situação, é verdade, mas a mais constrangedora em que já estive em minha vida; não ousava nem mesmo respirar, nem levantar os olhos e, se tivesse a temeridade de descansar algumas vezes a mão sobre seu joelho, fazia-o tão docemente que em minha simplicidade acreditava que ela não sentiria. Por seu lado, ela, atenta ao seu bordado, não me falava nem me olhava. Não fazíamos o menor movimento; um silêncio profundo reinava entre nós; mas como o coração dizia e sentia coisas! Esta situação parecerá muito insípida a muitos leitores, todavia tive motivos para pensar que não desagradava à jovem e, quanto a mim, assim teria passado minha vida inteira, teria passado a eternidade sem nada mais desejar.

10

Ela possuía recato e pudor. Ela amava a virtude, a honestidade lhe era mais cara do que a vida, e eu não saberia dizer quanto tudo o que ela fazia me parecia mais emocionante.

11

Meu coração estava em paz diante dela e não desejava nada.

12

Meu Deus, como um "eu vos amo", pronunciado como se quiser imaginar, teria sido frio no meio de tudo aquilo! Sim, estou convencido, se um dos dois tivesse pensado em dizer ao outro: "eu vos amo", o outro teria respondido no mesmo instante: "não me amais mais".

Se naquela situação nossos olhos se tivessem encontrado por uma única vez, estaria acabado, ela seria uma mulher perdida. Mas, se evitávamos olhar-nos ao estar sós, nós nos compensaríamos bastante entre a multidão, e o efeito dos olhares que se lançavam de nossos olhos nos fazia saber suficientemente qual teria sido seu perigo num encontro a sós.

13

Aquela severidade me era cem vezes mais deliciosa do que teriam sido seus favores.

Parecia que ela me tratava como uma coisa que lhe pertencesse, que me recebia como propriedade, que se apoderava de mim.

A palavra amor nem mesmo foi pronunciada entre nós. Porém me é impossível perder a forte persuasão de ter sido apaixonadamente amado por ela.

Ela não me pediu mais nada, nada mais fez do que mandar em mim.

Ordenou-me que lesse, e eu li. Eu lia mal; ela me corrigiu duas ou três vezes, enfim ela me impôs silêncio. Senti-me magoado, supliquei-lhe que me permitisse continuar, ela o permitiu, continuei: nunca li tão bem em minha vida.

Uma vez, ai de mim! Uma única vez em minha vida, minha boca encontrou a sua. Oh, lembrança! perder-te-ei no túmulo?

Homens sensuais, louvais quanto quiserdes vossos prazeres grosseiros, desafio-vos, a todos, enquanto viverdes a terdes alguma vez apreciado algo semelhante às delícias de que foi inundado meu coração durante seis meses.

14

Durante aquela viagem, ela parecia ter duplicado a afeição por mim.

Encontrei em suas demonstrações de carinho alguma coisa de mais doce e de mais terno ainda, e meu pobre coração sempre mais sensível voava em direção dos testemunhos de sua amizade. Disse-me ela: "Somos bons amigos, parece-me. – Sim, disse-lhe eu, e teríamos podido sê-lo ainda mais. Ah, como eu vos teria amado! Mas para isso teriam sido necessárias cinco condições das quais a mais agradável é impossível e sem as quais nem se pode pensar nisso". Ela permaneceu perturbada e nada respondeu. Aquilo era natural, mas o que não o era foi um certo olhar que acompanhou aquele silêncio e que nunca esquecerei em toda a minha vida. Aquele movimento quase imperceptível fez desabrochar meu coração para sempre.

Seus lábios não resistiam aos meus, e sua boca fugia dos beijos que ela destinava a outro.

15

Quando escrevia este trecho não pensava que quisessem ou pudessem um dia contestar a fidelidade de minha narração. Mas o silencioso mistério com que me escutam aqueles a quem o narro hoje faz-me compreender bem que tal fato não escapou ao trabalho daqueles senhores e deveria de fato ter previsto que Francueil, que se tornara por seus cuidados um dos cúmplices da liga, evitaria doravante homenagear a verdade. Todavia, ela foi por tanto tempo conhecida por todos e declarada por ele mesmo, que me parece impossível que não restem suficientes indícios anteriores à sua admissão no complô.

Não posso duvidar que Francueil e seus associados não tenham depois contado a coisa de maneira bem diferente: mas algumas pessoas de boa-fé não terão esquecido, talvez, como ele a contava a princípio e depois, até que sua admissão no complô lhe tivesse feito modificar sua linguagem.

16
Para minha vida

Procurou-me um dia um jovem tirocinante da Guiana que me atormentou, como sempre, sobre a profissão de fé do vigário.[6] Achei-o muito decidido quanto ao mistério da redenção, embora, aliás, não lhe faltasse filosofia, e eu não tivesse podido resolver minhas dificuldades de forma satisfatória, até mes-

---

6 Referência à Profissão de fé do vigário saboiano, opúsculo que se encontra no livro IV do *Emílio*. (N.T.)

mo para ele. Ao final, fiquei sabendo que se destinava ao Ministério para ir pregar no deserto. Aspirava à honra do martírio.

17

Ao ler pela primeira vez o escrito intitulado *Sentiment des citoyens*,[7] julguei que fosse de autoria do Sr. Vernes; direi dentro em pouco o que fundamentava meu julgamento. Tomei sobre tal libelo o único partido que poderia convir à honra ultrajada. Enviei-o a Paris e o mandei imprimir imediatamente, julgando que seria nos lugares em que eu vivera que se poderiam apreciar as acusações que me intentavam em Genebra. A única vingança que no primeiro movimento me permiti contra o autor, e confesso que era cruel, foi o de nomeá-lo. Mas ao nomeá-lo, ao dar minha opinião, eu a defendi apenas como a mais fraca das razões que me haviam dado, e fazendo depender minha declaração da sua, deixei-o livre de renegar o documento sem que ele lhe pudesse ser imputado.

---

7 *Sentimento dos cidadãos*, escrito por Voltaire e publicado anonimamente em 1764. (N.T.)

18

A perseguição elevou-me a alma, sinto que o amor à verdade se me tornou caro porque ele me custa. Talvez tenha ele sido para mim, a princípio, apenas um sistema, ele é agora minha paixão dominante. É a mais nobre que possa entrar no coração do homem. Ouso dizer que ela era feita para o meu.

Émile, t. I, p. 46.[8]

Todo leitor sentirá, convenço-me, que um homem que não possui nenhum remorso de sua culpa, ou que deseja escondê-la do público, precaver-se-á de falar assim.

19

À medida que a representação avançava, o interesse e a atenção cresciam; um leve murmúrio animava o silêncio sem interrompê-lo. Os aplausos ruidosos, cuja explosão era impedida pela presença do

---

8 De acordo com os editores das *Oeuvres completes*, Rousseau se refere à edição original do *Emílio* (Amsterdã: Jean Néaulme, 1762, in-12), e o trecho em questão diz respeito ao remorso do pai que foge do dever de educar ele mesmo suas crianças. (N.T.)

soberano, não abafavam os momentos mais agradáveis e se transformavam em um estremecimento de prazer e de aprovação cem vezes mais sedutor. Eu ouvia as palavras *encantador* e *delicioso*, a meia-voz, provindas de todos os camarotes, e observei muito claramente no do rei uma agitação que não era de mau augúrio. Enfim, no momento do encontro dos dois amantes, em que verdadeiramente a música tem, em sua simplicidade, um quê de emocionante que atinge o coração, senti todo o espetáculo unir-se em uma embriaguez diante da qual minha cabeça não aguentou.

Sentimentos do público sobre minha pessoa nos diversos estados que me compõem (1768)

Os reis e os grandes não dizem o que pensam, mas irão tratar-me sempre generosamente.

A verdadeira nobreza, que ama a glória e que sabe que sou entendido no assunto, honra-me e se cala.

Os magistrados odeiam-me por causa do erro que cometeram contra mim.

Os filósofos, que desmascarei, querem, a qualquer preço, perder-me e conseguirão.

Os bispos, orgulhosos de seu nascimento e seu estado, estimam-me sem temer-me e me honram distinguindo-me com deferência.

Os padres, vendidos aos filósofos, invectivam contra mim para cortejá-los.

Os pedantes, insultando-me, vingam-se de minha superioridade, que sentem.

O povo, que foi meu ídolo, vê em mim apenas uma peruca mal penteada e um homem decidido.

As mulheres, enganadas por dois indolentes que as desprezam, traem o homem a quem tanto devem.

Os Suíços nunca me perdoarão o mal que me fizeram.

O magistrado de Genebra sente seus erros, sabe que eu lhos perdoo e os repararia se o ousasse.

Os chefes do povo, elevados sobre meus ombros, desejariam esconder-me tão bem que somente vissem a eles.

Os autores me pilham e me censuram, os velhacos me maldizem, a gentalha me apupa.

As pessoas de bem, se existem ainda, gemem baixinho sobre minha sorte; e eu a bendigo, se ela puder instruir um dia os mortais.

Voltaire, que eu impeço de dormir, parodiará estas linhas. Suas grosseiras injúrias são uma homenagem que ele é forçado a prestar-me, contra a sua vontade.

Sobre o assunto e a forma deste escrito (1775)

Disse muitas vezes que se me tivessem dado, de um outro homem, as ideias que deram de mim a meus contemporâneos, eu não me teria conduzido em relação a ele como fizeram comigo. Essa asserção deixou todo mundo muito indiferente nesse ponto, e não vi em ninguém a menor curiosidade de saber em que minha conduta teria sido diferente das dos outros e quais teriam sido minhas razões. Concluí disso que o público, perfeitamente seguro da impossibilidade de conduzir-se com maior justiça ou com maior honestidade do que se conduz a meu respeito, estava, portanto, seguro de que, em minha suposição, eu teria errado em não imitá-lo. Acreditei mesmo perceber em sua confiança um orgulho desdenhoso que somente podia provir de uma alta opinião sobre a virtude de seus guias e da sua própria nessa questão. Como tudo aquilo, coberto para mim com um mistério impenetrável, não podia harmonizar-se com minhas razões, levou-me a dizê-las para submetê-las às respostas de quem quer que tivesse a caridade de tirar-me do erro, pois meu erro, se existe, é sem consequência nesse ponto; ele me obriga a pensar mal de todos aqueles que me rodeiam; e como nada está mais longe de minha vontade do que ser injusto e ingrato para com eles, os que me tirariam do erro trazendo-me para melhores julgamento substituiriam em meu coração a gratidão à indignação e tornar-me-iam sensível e grato ao mostrar-me meu dever em sê-lo. Contudo, não é esse o único motivo que me pôs a pena na mão. Um outro, ainda mais forte e não menos legítimo, far-se-á sentir neste escrito. Mas protesto que não se encontram mais nesses motivos a esperança nem quase o desejo de obter enfim, dos que me julgaram, a justiça que me recusam e que estão bem determinados a recusar-me sempre.

Desejando executar esse empreendimento, vi-me em uma singular e confusa situação! Não era a de encontrar razões a favor de minha opinião, era a de imaginar outras contrárias, era a de estabelecer sobre alguma aparência de equidade, procedimentos nos quais eu não percebia nenhuma. Vendo, todavia, toda Paris, toda a França, toda a Europa conduzirem-se em relação a mim com a maior confiança sobre máximas tão novas, tão pouco concebíveis para mim, eu não podia supor que esse acordo unânime não tivesse um fundamento razoável ou pelo menos aparente e que toda uma geração concordasse em querer extinguir a bel-prazer todas as luzes naturais, violar todas as leis da justiça, todas as regras do bom senso, sem objetivo, sem proveito, sem pretexto, unicamente para satisfazer uma fantasia cujo alvo e ocasião eu não podia nem mesmo perceber. O silêncio profundo, universal, não menos inconcebível do que o mistério que ele cobre, mistério que há quinze anos me é escondido com um cuidado que me abstenho de qualificar, e com um sucesso que parece nascer de um prodígio; esse silêncio assustador e terrível não me deixou apreender a menor ideia que pudesse esclarecer-me sobre essas estranhas disposições. Entregue apenas às luzes de minhas conjecturas, não soube encontrar nenhuma que pudesse explicar o que me acontece, de modo a poder acreditar ter descoberto a verdade. Quando fortes indícios me fizeram julgar, às vezes, ter descoberto, com o fundo da intriga, seu objetivo e seus autores, os inúmeros absurdos que vi nascer dessas suposições logo me obrigaram a abandoná-las e todas aquelas que minha imaginação atormentou-se em substituí--las não suportaram melhor o menor exame.

Todavia, para não combater uma quimera, para não ultrajar toda uma geração, era realmente necessário supor razões, no partido aprovado e seguido por todo o mundo. Nada poupei para procurar, para imaginar como seduzir a multidão apropriadamente, e se nada encontrei que devesse ter produzido esse efeito, o céu é testemunha de que não foi por falta de vontade nem de esforços, e que reuni cuidadosamente todas as ideias que meu entendimento me forneceu para isso. Como todos os meus cuidados não chegaram a nada que pudesse satisfazer-me, tomei o único partido que me restava para me explicar: era o de, não podendo raciocinar sobre os motivos particulares que me eram desconhecidos e incompreensíveis, raciocinar sobre uma hipótese geral que pudesse reuni-los todos: era a de escolher entre todas as suposições possíveis, a pior para mim, a melhor para meus adversários, e, nessa posição, adaptada tanto quanto me fosse possível às manobras das quais me vi o objeto, aos movimentos que entrevi, aos propósitos misteriosos que pude apreender cá e lá, a de examinar qual conduta da parte deles teria sido a mais razoável e a mais justa. Esgotar tudo o que se pudesse dizer em favor deles era o único meio que tinha de encontrar o que dizem de fato, e foi o que tentei fazer, colocando do lado deles tudo o que pude colocar como motivos plausíveis e argumentos especiosos e acumulando contra mim todas as acusações imagináveis. Apesar de tudo isso, frequentemente me envergonhei das razões que era forçado a atribuir-lhes. Se tivesse encontrado outras melhores, tê-las-ia usado de todo o meu coração e com toda a minha força, e com tanto menor dor por me parecer certo que nenhuma teria resistido contra as minhas respostas: porque essas últimas derivam imediatamente dos primeiros princípios da justiça, dos primeiros elementos do bom senso e porque são aplicáveis a todos os casos possíveis de uma situação igual àquela em que me encontro.

Como a forma de diálogo me pareceu a mais própria para discutir os prós e os contras, escolhi-a por essa razão. Tomei a liberdade de retomar nessas conversas meu nome de família que o público julgou oportuno retirar-me e designei a mim mesmo na terceira pessoa, a seu exemplo, pelo nome de batismo ao qual lhe aprouve reduzir-me. Ao tomar um francês como meu interlocutor, não fiz mais do que algo obsequioso e honesto para com o nome que usa, visto que me abstive de torná-lo cúmplice de uma conduta que desaprovo e nada teria feito de injusto dando-lhe aqui o personagem que toda a sua nação se empenha em fazer a meu respeito. Tive mesmo o cuidado de trazê-lo a sentimentos mais razoáveis do que os que encontrei em seus compatriotas e aquele que pus em cena seria tão feliz para mim quanto honroso para o seu país se nele encontrasse muitos que o imitassem. Se algumas vezes entro em raciocínios absurdos, protesto mais uma vez com sinceridade no coração que o faço sempre a meu malgrado e creio poder desafiar toda a França a encontrar outros mais sólidos para autorizar as singulares práticas de que sou objeto e de que ela parece glorificar-se tanto.

O que eu tinha a dizer era tão claro e estava tão impregnado em mim que não posso surpreender-me suficientemente com a extensão, as repetições, o palavrório e a desordem deste escrito. O que o teria tornado vivo e veemente na pena de um outro é precisamente o que o tornou morno e frouxo na minha. Era de mim que se tratava e não mais encontrei, para meu próprio interesse, esse zelo e esse vigor de coragem que somente pode exaltar uma alma generosa para a causa de outrem. O papel humilhante de minha própria defesa está por demais abaixo de mim, é por demais pouco digno dos sentimentos que me animam para que eu goste de carregá-los. Também não é, ficará claro em breve, aquele que desejei preencher aqui. Porém, eu não podia examinar a conduta do público a meu respeito sem contemplar a mim mesmo na posição mais deplorável e mais cruel do mundo. Precisava ocupar-me com ideias tristes e dilacerantes, com lembranças amargas e revoltantes, com os sentimentos menos feitos para meu coração; e foi nesse estado de dor e de angústia que precisei refazer-me, cada vez que algum novo ultraje, forçando minha repugnância, obrigou-

-me a um novo esforço para retomar este escrito, tão frequentemente abandonado. Não podendo suportar a continuidade de uma ocupação tão dolorosa, somente me entreguei a ela durante momentos muito curtos, escrevendo cada ideia quando se apresentava e detendo-me nela, escrevendo dez vezes a mesma, após ter-me ela se apresentado dez vezes, sem nunca lembrar o que escrevera antes e somente percebendo ao ler o conjunto, tarde demais para poder corrigir alguma coisa, como o direi dentro em pouco. Algumas vezes, a cólera anima o talento, mas o desgosto e a angústia o sufocam; e, após me terem lido, sentirão melhor que eram essas as disposições constantes em que devia ter estado durante aquele penoso trabalho.

Outra dificuldade tornou-se fatigante para mim; era o de, forçado a falar continuamente de mim, falar com justiça e verdade, sem louvor e sem me depreciar. Isso não é difícil para um homem a quem o público rende a homenagem que lhe é devida: ele é assim obrigado a fazê-lo ele mesmo. Ele pode igualmente tanto calar sem aviltar-se, quanto atribuir-se com franqueza as qualidades que todo o mundo reconhece. Mas aquele que se sente digno de honra e de estima e que o público desfigura e difama à vontade, com que tom fará a si mesmo a justiça que lhe é devida? Deve falar de si mesmo com elogios merecidos, porém geralmente desmentidos? Deve gabar-se das qualidades que sente em si, mas que todo mundo recusa-se a ver? Haveria menos orgulho do que baixeza em prostituir assim a verdade. Elogiar-se, então, mesmo com a mais rigorosa justiça, seria, antes, degradar-se do que honrar-se, e seria conhecer muito mal os homens tirá-los, com tais protestos, de um erro no qual se comprazem. Um silêncio altivo e desdenhoso, nesse caso, é mais correto e teria sido muito mais do meu gosto; mas ele não teria preenchido meu objetivo e, para preenchê-lo, teria sido necessário que eu dissesse de que modo, se eu fosse um outro, veria um homem tal como eu. Tentei cumprir equitativa e imparcialmente um tão difícil dever, sem insultar a incrível cegueira do público, sem vangloriar-me altivamente pelas virtudes que me recusa, também sem acusar-me dos vícios que não possuo e com os quais gosta de acusar-me, mas explicando simplesmente o que eu teria deduzido de uma constituição semelhante à minha estudada com cuidado em um outro homem. Se encontrarem reserva e moderação em minhas descrições, que não me façam disso um mérito. Declaro que me faltou apenas um pouco mais de modéstia para falar de mim mais honrosamente.

Vendo a excessiva extensão desses diálogos, procurei várias vezes cortá-los, retirar suas frequentes repetições, pôr neles um pouco de ordem e sequência; nunca pude aguentar esse novo tormento. O vivo sentimento das minhas infelicidades, reanimado por essa leitura, sufoca toda a atenção que ela exige. É impossível, para mim, reter alguma coisa, aproximar duas frases e comparar duas ideias. Enquanto forço meus olhos a seguir as linhas, meu coração, oprimido, geme e suspira. Após frequentes e vãos esforços, renuncio a esse trabalho do qual me sinto incapaz e, por não poder fazer melhor, limito-me a transcrever estes informes ensaios que não tenho condições de corrigir. Se tais como se encontram, o empreendimento ainda tivesse de ser feito, eu não o faria mesmo que todos os bens do universo a ele estivessem ligados. Sou mesmo forçado a abandonar multidões de ideias melhores e mais bem conduzidas do que aquelas que aqui se encontram e que lançara em folhas soltas na esperança de enquadrá-las com facilidade; mas o abatimento me venceu ao ponto de tornar mesmo impossível para mim este leve trabalho. Afinal de contas, disse mais ou menos o que tinha a dizer: ele está mergulhado em um caos de desordem e de repetições, mas ele está aqui: os bons espíritos saberão encontrá-lo. Quanto aos que desejam apenas uma leitura agradável e rápida, os que só procuraram, que só encontraram isso em minhas *Confissões*, os que não podem suportar um pouco de fadiga nem manter uma atenção continuada pelo interesse da justiça e da verdade farão bem em poupar-se do aborrecimento desta leitura; não foi a eles que desejei falar e, longe de procurar agradá-los, evitarei pelo menos esta indignidade: fazer com que o quadro das misérias de minha vida seja para alguém um objeto de divertimento.

Que acontecerá com este escrito? Que uso poderei fazer dele? Ignoro-o, e esta incerteza muito aumentou o desencorajamento que não me abandonou enquanto nele trabalhei. Os que dispõem de mim o conheceram logo que ele foi iniciado, e não vejo em minha situação nenhuma maneira possível de impedir que, cedo ou tarde, ele caia em suas mãos.[1] Assim, dado o curso natural das coisas, todo o trabalho que tive foi pura perda de tempo. Não sei que partido o céu irá sugerir-me, mas, até o fim, terei a esperança de que ele não abandonará a causa justa. Não importa em que mãos ele faça cair estas folhas: se entre aqueles que as lerão ainda existir talvez um coração de homem, isso me basta e nunca desprezarei suficientemente a espécie humana por não encontrar nesta ideia nenhum motivo de confiança e de esperança.

---

[1] Encontrar-se-á no fim destes diálogos, na infeliz história deste escrito, como esta predição se realizou.

História do precedente escrito (1776)

Não falarei aqui do assunto, nem do objetivo, nem da forma deste escrito. Foi o que fiz no prefácio que o precede. Mas direi qual era sua destinação, qual foi seu destino e por que esta cópia se encontra aqui.

Durante quatro anos, ocupara-me com estes diálogos, apesar da angústia que não me abandonava durante o trabalho, e cheguei ao final desta dolorosa tarefa sem saber, sem imaginar como poderia usá-la e sem resolver-me sobre o que, pelo menos, tentaria fazer. Vinte anos de experiência me haviam ensinado que retidão e que fidelidade poderia esperar da parte dos que me rodeavam com o nome de amigos. Impressionado, sobretudo pela insigne duplicidade de Duclos, que estimara ao ponto de confiar-lhe minhas *Confissões* e que, do mais sagrado penhor da amizade, não fizera mais do que um instrumento de impostura e de traição, que podia esperar das pessoas que haviam colocado ao meu redor desde aquele tempo e cujas manobras me anunciavam, todas, tão claramente suas intenções? Confiar-lhes meu manuscrito não era mais do que desejar entregá-lo eu mesmo a meus perseguidores, e a maneira pela qual estava enlaçado não me permitia mais os meios de abordar outra pessoa.

Nessa situação, enganado em todas as minhas escolhas, e somente encontrando perfídia e falsidade entre os homens, minha alma, exaltada pelo sentimento de sua inocência e pelo de suas iniquidades, elevou-se num ímpeto até a sede de toda ordem e de toda verdade, para nela procurar os recursos que eu não mais tinha aqui embaixo. Não podendo mais confiar em um homem que não me traísse, resolvi confiar-me unicamente à providência e entregar somente a ela a inteira disposição do depósito que eu desejava deixar em mãos seguras.

Para isso, imaginei fazer uma cópia deste escrito e depositá-la em uma igreja, sobre um altar, e para tornar aquele procedimento tão solene quanto possível, escolhi o altar-mor da Igreja de Notre-Dame, julgando que, em qualquer outro lugar, meu depósito seria mais facilmente escondido e desviado pelos curas ou pelos monges e cairia infalivelmente nas mãos de meus inimigos, quando, pelo contrário, poderia acontecer que a notícia do fato fizesse chegar meu manuscrito aos olhos do rei; o que era tudo o que eu desejava de mais favorável e que nunca poderia chegar lá se eu agisse de qualquer outra maneira.

Enquanto trabalhava para passar a limpo meu escrito, meditava na maneira de executar meu projeto, o que não era muito fácil, sobretudo para um homem tão tímido quanto eu. Pensei que sábado, dia em que todas as semanas vai-se cantar um mote diante do altar de Notre-Dame, durante o qual o coro permanece vazio, seria o dia em que eu teria maior facilidade para entrar e chegar até o altar e nele colocar meu depósito. Para organizar com maior segurança meu procedimento, fui várias vezes, em dias espaçados, examinar o estado das coisas e a disposição do coro e suas vias de acesso; pois o que poderia temer era ser detido no caminho, com a certeza de que, nesse caso, meu projeto falharia. Enfim, estando pronto meu manuscrito, empacotei-o e pus o seguinte subscrito:

Depósito entregue à providência

"Protetor dos oprimidos, Deus de justiça e de verdade, recebe este depósito entregue sobre teu altar e confiado à tua providência por um estrangeiro infortunado, sozinho, sem amparo, sem defensores na terra, ultrajado, escarnecido, difamado, traído por toda uma geração, oprimido há quinze anos, à porfia, de tratamentos piores do que a morte e de indignidades nunca vistas até agora entre os humanos, sem nunca ter podido saber pelo menos a causa. Toda explicação me é negada, toda comunicação me é retirada, não espero mais dos homens irritados por sua própria injustiça mais do que afrontas, mentiras e traições. Providência eterna, minha única esperança está em ti; digna-te tomar meu depósito sob tua guarda e fazê-lo cair em mãos jovens e fiéis, que o transmitam livre de fraudes a uma geração melhor; que ela fique sabendo, deplorando minha sorte, como foi tratado por esta um homem sem fel e sem máscara, inimigo da injustiça, mas paciente ao enfrentá-la, e que nunca fez, nem quis, nem devolveu o mal a ninguém. Ninguém tem o direito, eu o sei, de esperar um milagre, nem mesmo a inocência oprimida e não reconhecida. Visto que tudo deve voltar à ordem um dia, basta esperar. Se, portanto, meu trabalho se perder, se deve ser entregue aos meus inimigos e por eles destruído ou desfigurado, como parece inevitável, não contarei menos com tua obra, embora ignore a hora e os meios e, depois de ter feito, como devia, meus esforços a fim de para isso concorrer, espero com confiança, entrego-me à tua justiça e me resigno à tua vontade."

No verso do título e antes da primeira página, estava escrito o que segue:

"Sejais vós quem fordes, que o Céu fez árbitro deste escrito, seja qual for o uso que resolvestes fazer dele, e seja qual for a opinião que tendes do autor, este autor infeliz vos conjura, por vossas entranhas humanas e pelas angústias que ele sofreu ao escrevê-lo, de somente dispor dele após tê-lo lido inteiramente. Pensai que esta graça que vos pede um coração despedaçado de dor é um dever de equidade que o Céu vos impõe."

Após ter feito tudo isso, peguei meu pacote e, no sábado, 24 de fevereiro de 1776, pelas duas horas, dirigi-me a Notre-Dame na intenção de lá apresentar, no mesmo dia, minha oferenda.

Quis entrar por uma das portas laterais pela qual contava penetrar até o coro. Surpreso por encontrá-la fechada, dirigi-me mais abaixo pela porta lateral que dá para a nave. Ao entrar, meus olhos foram surpreendidos por uma grade que eu nunca notara e que separava da nave central a parte das naves laterais que rodeia o coro. As portas dessa grade estavam fechadas, de modo que essa parte das naves laterais, de que acabo de falar, estava vazia e de forma que me era impossível entrar. No momento em que percebi aquela grade fui tomado de vertigem como um homem que cai em apoplexia e a vertigem foi seguida por uma perturbação de todo o meu ser, como não me lembro de já ter tido outra igual. A igreja pareceu-me ter-se de tal modo modificado que, duvidando se me encontrava exatamente em Notre-Dame, procurava, com esforço, orientar-me e discernir melhor o que via. Nos 36 anos que estou em Paris, eu viera muitas vezes e em épocas diferentes à Notre-Dame; vira sempre a passagem ao redor do coro aberta e livre e mesmo, tanto quanto pude lembrar, nunca notara nem grade nem porta. Tanto mais impressionado por aquele obstáculo imprevisto, pois não falara de meu plano com ninguém, acreditei em meu primeiro arrebatamento, ver o próprio céu concorrer para a obra da iniquidade dos homens, e o murmúrio de indignação que me escapou somente pode ser concebido por aquele que poderia colocar-se em meu lugar e somente desculpado por aquele que sabe ler no fundo dos corações.

Saí rapidamente da igreja, decidido a não voltar até o fim de meus dias e, entregando-me a toda a minha agitação, corri o resto do dia, vagando por todos os lados sem saber onde estava nem aonde ia até que, não aguentando mais, a lassidão e a noite me forçaram a voltar para casa moído de cansaço e quase desnorteado de dor.

Após ter voltado pouco a pouco do meu primeiro abalo, comecei a refletir com mais calma no que me acontecera e com a característica de espírito que me é própria, tão pronta a consolar-me de uma infelicidade acontecida quanto a assustar-me com uma in-

{145}

felicidade a ser temida, não tardei a encarar de outra maneira o mau êxito de minha tentativa. Dissera, em minha subscrição, que não esperava um milagre e era claro, todavia, que teria sido necessário um para que meu projeto fosse bem-sucedido; pois a ideia de que meu manuscrito chegaria diretamente ao rei, e que o jovem príncipe se desse ele mesmo ao trabalho de ler aquele longo escrito, essa ideia, repito, era tão louca[1] que eu mesmo me espantara por ter podido acalentá-la por um momento. Poderia ter desconfiado de que, mesmo que a vitória desse procedimento tivesse feito chegar meu depósito até a Corte, teria sido apenas para cair, não nas mãos do rei, mas nas de meus mais astutos perseguidores ou de seus amigos e, por conseguinte, para ser totalmente suprimido ou desfigurado segundo suas intenções, para torná-lo funesto à minha memória? Enfim, o mau êxito de meu projeto, que tanto me afetara, pareceu-me, após muita reflexão, um benefício do céu, que me impedira de cumprir um desíg-

---

1 Esta ideia e a do depósito sobre o altar me vieram durante a vida de Luís XV, e ela era então um pouco menos ridícula.

nio tão contrário aos meus interesses; pensei que fora uma grande vantagem o fato de o manuscrito ter ficado comigo para dele dispor de maneira mais sábia, e eis o uso que dele resolvi fazer.

Eu acabava de saber que um homem de letras de meus mais antigos conhecimentos, com o qual tivera alguns contatos, que eu não cessara de estimar, e que passava uma grande parte do ano no campo, estava em Paris havia poucos dias. Vi a notícia de sua volta como uma direção da providência, que me apontava o verdadeiro depositário de meu manuscrito. Este homem é um verdadeiro filósofo, autor, acadêmico,[2] e de uma província cujos habitantes não possuem uma grande reputação de retidão: porém, que faziam todos aqueles preconceitos contra um ponto tão bem estabelecido quanto estava sua probidade em meu espírito? A exceção, tanto mais honrosa por ser rara, somente aumentava minha confiança nele, e qual mais digno instrumento o céu podia escolher para sua obra do que a mão de um homem virtuoso?

---

2 E. Bonnot de Condillac (1715-1780). Sua sobrinha, Mme. de Sainte-Foy, fez publicar o manuscrito de Rousseau em 1800. (N.T.)

Decido-me, pois; procuro sua casa; enfim a encontro e não sem dificuldade. Levo-lhe meu manuscrito e lho entrego com um arrebatamento de alegria, com um bater do coração que foi a mais digna homenagem que um mortal já tenha podido tributar à virtude. Sem saber ainda do que se tratava, disse-me, ao recebê-lo, que somente faria um bom e honesto uso de meu depósito. A opinião que tinha dele tornava-me tal garantia muito supérflua.

Quinze dias mais tarde, volto à sua casa fortemente persuadido de que chegara o momento em que o véu de trevas que é mantido há vinte anos sobre meus olhos iria cair e que, de uma forma ou de outra, eu teria da parte de meu depositário esclarecimentos que deviam necessariamente seguir-se à leitura de meu manuscrito. Nada do que eu previra aconteceu. Falou-me ele daquele escrito como me teria falado de uma obra de literatura da qual eu lhe tivesse pedido um exame para me dizer seu sentimento. Falou-me de transposições a serem feitas para dar uma melhor ordem às minhas matérias: mas nada me disse sobre o efeito que meu escrito lhe fizera, nem do que pensava do autor. Propôs-me somente fazer uma edição correta de minhas obras, pedindo-me para isso minhas orientações. Essa mesma proposta que me fora feita e mesmo com insistência por todos aqueles que me rodearam fez--me pensar que as disposições de todos os outros e as suas próprias eram as mesmas. Ao ver, em seguida, que sua proposta não me agradava ofereceu-se para devolver meu depósito. Sem aceitar o oferecimento pedi-lhe somente que o entregasse a alguém mais moço do que ele, que pudesse sobreviver bastante tanto a mim quanto a meus perseguidores, para poder ser publicado um dia sem medo de ofender alguém. Ele apegou-se singularmente a essa última ideia e pareceu-me, pela subscrição que redigiu para o envelope do pacote e que me comunicou, que ele tinha todo o cuidado, como eu lhe pedira, para que o manuscrito não fosse impresso nem conhecido antes do final do presente século. Quanto à outra parte de minha intenção, a de que após aquele termo o escrito fosse fielmente impresso e publicado, ignoro o que fez para realizá-lo.

Desde então, cessei de ir à sua casa. Fez-me duas ou três visitas, que tivemos muita dificuldade em preencher com algumas palavras indiferentes, eu não tendo mais nada a dizer-lhe e ele não querendo dizer-me absolutamente nada.

Sem fazer um julgamento decisivo sobre meu depositário, senti que não havia alcançado meu objetivo e que verossimilmente perdera meu trabalho e meu depósito, mas ainda não me desencorajei. Disse a mim mesmo que meu mau êxito vinha de minha má escolha, que era preciso ser bem cego e bem predisposto para confiar-se a um francês por demais cioso da honra de sua nação para manifestar sua iniquidade; a um homem de letras, a um filósofo, a um acadêmico por demais cioso do interesse de corpo para revelar sua torpeza; a um homem idoso, por demais prudente, por demais circunspecto para inflamar-se pela justiça e pela defesa de um oprimido. Se tivesse procurado corretamente o depositário menos próprio para realizar minhas intenções, não poderia ter escolhido melhor. Foi, portanto, erro meu se meu êxito foi tão mau; meu êxito depende apenas de uma melhor escolha.

Embalado por essa nova esperança, recomecei a copiar e a passar a limpo com um novo ardor. Enquanto me ocupava com esse trabalho, um jovem inglês que fora meu vizinho em Wootton passou por Paris ao voltar da Itália e veio ver-me. Agi como todos esses infelizes que julgam ver em tudo o que lhes acontece uma expressa orientação da sorte. Disse a mim mesmo: eis o depositário que a providência escolheu; é ela que mo envia, ela apenas rejeitou minha escolha para trazer-me à sua. Como pude não ver que era um jovem, um estrangeiro que me era necessário, fora da tramoia dos autores, longe das intrigas deste país, sem interesse em prejudicar-me e sem paixão contra mim? Tudo aquilo me pareceu tão claro que, julgando ver o dedo de Deus naquela ocasião fortuita, apressei-me em agarrá-la. Infelizmente, minha nova cópia não estava adiantada, mas apressei-me em entregar-lhe o que estava feito, transferindo para o ano seguinte a remessa do resto, se, como eu não duvidava, o amor pela verdade lhe dava o zelo de vir buscá-lo.

Após sua partida, novas reflexões lançaram em meu espírito várias dúvidas sobre a sensatez dessa nova escolha. Não encontrei na maneira pela qual aquele jovem recebeu meu depósito, nem em tudo o que me disse ao sair, o tom de um homem que tivesse sentido o valor de minha confiança e por ela estivesse sensibilizado. Eu sabia que ele tinha contatos na liga que me ataca, via mais bajulação do que verdadeiro sentimento na maneira com que se conduzira comigo e acusava-me de loucura por ter confiado em um inglês, nação pessoalmente excitada contra mim, e do qual nunca se citou nem um ato de justiça contra seu próprio interesse. Aliás, por que viera visitar-me? Por que pequenas atenções afetadas? Aquilo já não mo deveria tornar suspeito? E poderia eu ignorar que há muito ninguém se aproxima de mim sem ser expressamente enviado e que confiar nas pessoas que me rodeiam significa entregar-me a meus inimigos? Para encontrar um confidente fiel teria sido necessário ir procurá-lo longe de mim, entre aqueles dos quais eu não poderia aproximar-me. Minha esperança, portanto, era vã, todas as minhas medidas eram falsas, todos os meus cuidados eram inúteis, e eu deveria ter certeza de que o uso menos criminoso que fariam de meu depósito, aqueles em que estava confiando, seria o de destruí-lo.

Aquela ideia sugeriu-me uma nova tentativa da qual espero um maior efeito. Foi o de escrever uma espécie de bilhete circular, enviado à nação francesa, de fazer várias cópias e de distribuí-las, nas avenidas e nas ruas, aos desconhecidos cujas fisionomias mais me agradassem. Não deixei de argumentar, como faço normalmente, em favor da nova resolução. Somente me permitem comunicação, dizia a mim mesmo, com pessoas subornadas por meus perseguidores. Confiar em alguém que se aproxima de mim não é simplesmente confiar neles. Pelo menos, entre os desconhecidos, é possível encontrar pessoas de boa-fé: mas todo aquele que vem à minha casa somente vem com má intenção; devo estar seguro neste ponto.

Redigi, portanto, um pequeno escrito em forma de bilhete e tive a paciência de fazer um grande número de cópias. Mas para distribuí-las, encontrei um obstáculo que nunca previra, a recusa em recebê-lo, vinda da parte daqueles aos quais o apresentava. O sobrescrito dizia *A todo Francês que ama ainda a justiça e a verdade*. Eu não imaginava que com tal endereço alguém ousasse recusar; quase ninguém aceitou. Todos, após terem lido o título, disseram-me, com uma ingenuidade que me fez rir em meio à minha dor, que aquilo não se dirigia a eles. "Tendes razão, dizia-lhes, retomando-o, vejo perfeitamente que estava enganado." Eis a única palavra sincera que há quinze anos obtive de uma boca francesa.

Rejeitado também por esse lado, ainda não me aborreci. Enviei cópias do bilhete em resposta a algumas cartas de desconhecidos que desejavam forçosamente vir à minha casa e julguei causar admiração pondo a aceitação de suas fantasias como preço de uma resposta decisiva àquele mesmo bilhete. Entreguei dois ou três outros às pessoas que me abordavam ou que vinham visitar-me. Mas tudo aquilo produziu apenas respostas anfigúricas e respostas ambíguas que me atestavam em seus autores uma falsidade a toda prova.

Aquele último insucesso, que deveria levar ao máximo meu desespero, não me afetou como os precedentes. Ao mostrar-me que minha sorte não tinha remédio, ensinou-me a não mais lutar contra a necessidade. Um trecho do *Emílio* que me veio à lembrança fez-me entrar em mim mesmo e fez-me encontrar em mim o que procurara em vão exteriormente. Que mal te fez esse complô? Que te retirou? Que membro te mutilou? Que crime te fez ele cometer? Enquanto os homens não arrancarem de meu peito o coração que ele encerra para nele substituir, estando eu em vida, o de um homem desonesto, em que poderão eles, alterar, transformar, deteriorar meu ser? Em vão criarão um J.-J. à moda deles, Rousseau permanecerá sempre o mesmo apesar deles.

Terei, pois, conhecido a vaidade da opinião somente para recolocar-me sob seu jugo, às expensas da paz de minha alma e do repouso de meu coração? Se os homens me querem ver diferente do que sou que me importa? A essência de meu ser está em seus olhares? Se iludem e enganam, no que me diz a respeito as gerações seguintes, que me importa ainda? Não existirei mais para ser vítima de seu erro. Se envenenam e levam a mal tudo o que o desejo de sua felicidade me fez dizer e fazer de útil, é em prejuízo deles e não em meu. Levando comigo o testemunho de minha consciência, encontrarei, apesar deles, a compensação de todas as suas indignidades. Se estivessem errados de boa-fé, eu poderia, ao lamentar-

-me, lamentá-los ainda e gemer sobre eles e sobre mim; mas que erro pode desculpar um tão execrável sistema do que aqueles que seguem em relação a mim, com um zelo impossível de qualificar; que erro pode fazer tratar publicamente como celerado convicto o mesmo homem que se impede, com tanto empenho, de saber de que é acusado? No refinamento de sua barbárie, encontraram a arte de fazer-me sofrer uma longa morte mantendo-me enterrado vivo. Se consideram doce tal tratamento, é preciso que tenham alma de lama; se o consideram tão cruel quanto é, os Falaris, os Agatocles[3] foram mais complacentes do que eles. Errei, portanto, ao esperar trazê-los de volta mostrando-lhes que se enganam; não é disso que se trata, e, mesmo que se enganassem em relação a mim, não podem ignorar sua própria iniquidade. Não são injustos e maus para comigo por erro, mas sim por vontade: e o são porque querem sê-lo, e não é à sua razão que seria preciso falar, é a seus corações depravados pelo

---

[3] Cruéis tiranos, respectivamente de Agrigento e de Siracusa.

ódio. Todas as provas de suas injustiças só poderão aumentar; elas são um agravo a mais que eles não me perdoarão.

Mas é ainda mais sem razão que me senti afetado por seus ultrajes a ponto de cair em abatimento e quase em desespero. Como se estivesse em poder dos homens transformar a natureza das coisas e retirar-me as consolações das quais nada pode despojar um inocente! E por que então será necessário à minha felicidade eterna que eles me conheçam e me façam justiça? O céu, então, não tem nenhum outro meio de tornar minha alma feliz e de compensá-la dos males que me fizeram sofrer injustamente? Quando a morte me tiver tirado de suas mãos, saberei e me inquietarei em saber o que ainda acontece a meu respeito na terra? No momento em que a barreira da eternidade se abrir diante de mim, tudo o que estiver deste lado desaparecerá para sempre e, se recordo então a existência do gênero humano, ele somente será para mim, desde aquele exato momento, como se não existisse mais.

Enfim, tomei, então, definitivamente, minha decisão; separado de tudo o que diz respeito à terra e dos insensatos julgamentos dos homens, resigno-me a estar para sempre desfigurado entre eles, sem contar, além disso, com o preço de minha inocência e de meu sofrimento. Minha felicidade deve ser de outro tipo; não é mais entre eles que devo procurá-la e não está mais em poder deles tanto impedi-la quanto conhecê-la. Destinado a ser nesta vida a presa do erro e da mentira, espero a hora de minha libertação e o triunfo da verdade sem mais procurá-las entre os mortais. Desligado de toda a afeição terrestre e libertado mesmo da inquietação da esperança, aqui embaixo, não vejo mais com que poder poderão ainda perturbar o repouso de meu coração. Nunca irei reprimir o primeiro movimento de indignação, de exaltação, de cólera, e mesmo disso não faço mais questão; mas a calma que sucede a essa agitação passageira é um estado permanente do qual nada mais pode me retirar.

A esperança extinta apaga bem o desejo, mas não aniquila o dever e quero até o fim preencher o meu em minha conduta com os homens. Estou doravante dispensado de vãos esforços para fazer-lhes conhecer a verdade que estão determinados a rejeitar sempre, mas eu não o estou de deixar-lhes os meios de recomeçar, na medida em que depender de mim, e é este o último uso que me resta fazer deste escrito. Multiplicar incessantemente as cópias para colocá-las, cá e lá, nas mãos das pessoas que se aproximam de mim seria exceder inutilmente minhas forças e eu não posso esperar, razoavelmente, que de todas essas cópias assim espalhadas uma única chegue inteira a seu destino. Vou, então, limitar-me a uma, cuja leitura oferecerei aos meus conhecidos que pensarei serem os menos injustos, os menos prevenidos ou que, embora ligados a meus perseguidores, parecer-me-ão ter, contudo, ainda alento na alma e poderem ser alguma coisa por si mesmos. Todos, não duvido, permanecerão surdos às minhas razões, insensíveis ao meu destino, tão dissimulados e falsos quanto antes. É um partido tomado universalmente e sem volta, sobretudo por aqueles que de mim se aproximam. Sei tudo isso de antemão e não deixo de manter esta última resolução, porque ela é o único meio que resta em meu poder para concorrer com a obra da providência e para nela colocar a possibilidade que depende de mim. Ninguém me escutará, a experiência me adverte, mas não é impossível que haja um que me escute, e é doravante impossível que os olhos dos homens se abram por eles mesmos à verdade. Isto é suficiente para impor-me a obrigação da tentativa, sem esperar nenhum êxito. Se me contento em deixar este escrito depois de mim, este despojo não escapará das mãos de rapina que esperam apenas minha última hora para de tudo se apoderar e queimar ou falsificar. Porém, se entre aqueles que me tiverem lido houvesse um único coração de homem ou apenas um espírito realmente sensato, meus perseguidores teriam perdido seu trabalho e em breve a verdade apareceria aos olhos do público. A certeza de, caso essa felicidade inesperada me aconteça, não me poder enganar um momento, encoraja-me a esta nova tentativa. Conheço de antemão que tom todos passarão a adotar após me terem lido. Esse tom será o mesmo que o anterior, ingênuo, bajulador, benévolo; lastimar-me-ão por ver tão negro o que é tão branco, pois possuem todos a candura dos cisnes: mas não compreenderão nada de tudo o que eu disse. Esses, julgados no mesmo instante, absolutamente não me surpreenderão e me aborrecerão muito pouco. Mas, se contra toda a previsão houver um impressionado por minhas razões e que começará a suspeitar a verdade, não permanecerei nenhum momento em dúvida sobre tal efeito, e tenho o sinal seguro para distingui-lo dos outros, mesmo que não quiser abrir-se comigo. É dele que farei meu depositário, sem mesmo examinar se devo contar com sua probidade: pois somente preciso de seu julgamento para interessá-lo em ser-me fiel. Ele sentirá que, suprimindo meu depósito, não terá nenhuma vantagem, que entregando-o a meus inimigos somente lhes entrega o que já possuem, que não pode, por conseguinte, conferir um grande preço a essa traição, nem evitar com ela, cedo ou tarde, a justa censura de ter feito uma ação vergonhosa. Enquanto, conservando meu depósito, ele permanece sempre dono da situação para suprimi-lo quando quiser e, um dia, se as revoluções bastante naturais mudarem as disposições do público, poderá extrair disso uma honra infinita e tirar desse mesmo depósito uma grande vantagem, da qual se privará ao sacrificá-lo. Se souber prever e se puder esperar, ele deve, pensando bem, ser-me fiel.

Digo mais, mesmo que o público persistisse nas mesmas disposições em que se encontra a meu respeito, ainda um movimento muito natural levá-lo-á, cedo ou tarde, a desejar saber pelo menos o que J.-J. teria podido dizer se lhe tivessem deixado a liberdade de falar. Que meu depositário, aparecendo, diga-lhe, então: quereis agora saber o que ele teria dito, pois bem, ei-lo. Sem tomar meu partido, sem querer defender minha causa nem minha memória, ele pode, fazendo-se meu simples relator e permanecendo, de resto, se puder, na opinião de todo mundo, lançar, contudo, um novo esclarecimento sobre o caráter do homem julgado: pois, saber como um tal homem ousou falar de si mesmo significa sempre um traço a mais de seu retrato.

Se, entre meus leitores, eu encontrar esse homem sensato, disposto para sua própria vantagem a ser-me fiel, estou determinado a entregar-lhe não somente este escrito, mas também minhas *Confissões* e todos os papéis que permanecem em minhas mãos e dos quais é possível extrair grandes luzes sobre meu destino, visto que eles contêm anedotas, explicações e fatos que ninguém além de mim pode contar e que são as únicas chaves de muitos enigmas que, sem isso, permanecerão para sempre inexplicáveis.

Se este homem não for encontrado, é possível, pelo menos, que a memória desta leitura, tendo ficado no espírito daqueles que a tiverem feito, desperte um dia em algum deles algum sentimento de justiça e de comiseração, quando, muito tempo após a minha morte, o delírio público começar a enfraquecer. Então, esta lembrança pode produzir em sua alma algum efeito feliz que a paixão que os anima detém em minha vida, e não é necessário mais do que isso para começar a obra da providência. Aproveitarei, portanto, as ocasiões para tornar conhecido este escrito, se os encontrar, sem esperar deles nenhum sucesso. Se encontrar um depositário que possa sensatamente encarregar-se de fazê-lo, eu o farei, considerando, contudo, meu depósito como perdido e me consolando desde já. Se não o encontrar, como imagino, continuarei a conservar o que lhe teria entregado até que, quando da minha morte, se não for mais cedo, meus perseguidores se apossem dele. Este destino de meus papéis, que encaro como inevitável, não me alarma mais. Façam os homens o que fizeram, o céu, por sua vez, fará sua obra. Ignoro o tempo, os meios, a espécie. O que sei é que o árbitro supremo é poderoso e justo, que minha alma é inocente e que não mereci minha sorte. Isto me basta. Ceder doravante ao meu destino, não mais obstinar-me em lutar contra ele, deixar que meus perseguidores disponham à vontade de sua presa, continuar a ser seu joguete sem nenhuma resistência durante o resto de meus velhos e tristes dias, abandonar-lhes até mesmo a honra de meu nome e minha reputação no futuro, se o céu desejar que deles disponham, sem mais me afetar com nada, aconteça o que acontecer, é minha última resolução. Que os homens façam doravante tudo o que quiserem, após eu ter feito o que devia fazer, eles em vão irão atormentar minha vida, eles não me impedirão de morrer em paz.

Esboço dos devaneios*

1

Para bem cumprir o título desta coletânea, eu deveria tê-la iniciado há sessenta anos: pois minha vida inteira não foi mais do que um longo devaneio dividido em capítulos pelos meus passeios de cada dia.

Inicio-o hoje, embora tarde, porque nada mais me resta de melhor a fazer neste mundo.

Já sinto minha imaginação gelar, todas as minhas faculdades enfraquecem-se. Sei que meus devaneios

---

* Rousseau escreveu as notas para este esboço em 27 cartas de jogo conservadas hoje na Biblioteca de Neuchâtel. Sua datação é incerta, mas sabemos que a tentativa malograda de colocar o manuscrito dos Diálogos sobre o altar-mor de Notre-Dame é de 24 de fevereiro de 1776 e que *Os devaneios do caminhante solitário* foi iniciado no outono do mesmo ano, o que poderia colocar entre as duas datas a redação do presente esboço. (N.T.)

tornar-se-ão mais frios a cada dia até que o aborrecimento de escrevê-los me retire a coragem de fazê-lo; assim, se o continuo, meu livro deve, naturalmente, acabar quando me aproximar do fim da minha vida.

2

É verdade que o mais impassível dos homens está subjugado pelo corpo e pelos sentidos às impressões de prazer e de dor e a seus efeitos. Mas estas impressões puramente físicas são, por si mesmas, apenas sensações. Elas podem somente produzir paixões, algumas vezes mesmo virtudes, seja quando a impressão profunda e durável se prolonga na alma e sobrevive à sensação, seja quando a vontade movida por outros motivos resiste ao prazer ou consente à dor; mesmo assim é preciso que esta vontade permaneça sempre predominante no ato [*palavra ilegível*], pois, se a sensação mais poderosa arranca enfim o consentimento, toda a moralidade da resistência se desvanece e o ato torna-se novamente, tanto por si mesmo quanto por seus efeitos, absolutamente o mesmo se tivesse sido plenamente consentido. Este rigor parece duro, mas também não é, portanto, através [dela] que a virtude traz um nome tão sublime. Se a vitória não custasse nada, qual coroa mereceria[?].

3

A felicidade é um estado por demais constante e o homem é um ser por demais mutável para que um convenha ao outro.

Sólon citava a Creso o exemplo de três homens felizes, menos por causa da felicidade de suas vidas do que pela suavidade de sua morte, e não lhe consentia ser um homem feliz enquanto ainda fosse vivo. A experiência provou que ele tinha razão. Acrescento que, se existe um homem realmente feliz na Terra, ele não será citado como exemplo, pois ninguém a não ser ele sabe alguma coisa sobre o fato.

Movimento contínuo que percebo me adverte de que existo, pois é certo que a única afecção que experimento então é a fraca sensação de um ruído leve, igual e monótono. Do que então estou fruindo: de mim. Ao...

4

É verdade que nada faço sobre a terra; mas quando não tiver mais corpo também não farei nada, todavia, serei um ser mais excelente, mais cheio de sentimento e de vida do que o mais ativo dos mortais.

5

Um moderno os diminui à sua própria medida e eu me agiganto à medida deles.[1]

6

E qual erro, por exemplo, não vale mais do que a arte de discernir os falsos amigos quando esta arte somente é adquirida à força de assim nos mostrar todos aqueles que acreditávamos serem os verdadeiros?

7

Estes senhores agem como um bando de flibusteiros que, atormentando à vontade um pobre espanhol, consolam-no benignamente provando-lhe com argumentos estoicos que a dor não é absolutamente um mal.

---

[1] A nota da edição das *Oeuvres complètes* explica: "Rousseau pensa provavelmente nos antigos". (N.T.)

8

Mas eu não quis dar-lhe meu endereço nem pedir o dela, na certeza de que, logo que lhe tivesse virado as costas, ela iria ser interrogada e que, através de transformações familiares a esses senhores, eles saberiam extrair de minhas intenções conhecidas um mal muito maior do que o bem que eu teria desejado fazer.

9

E quando minha inocência enfim reconhecida tivesse convencido meus perseguidores, quando a verdade brilhasse diante de todos os olhos, mais resplandecente do que o Sol, o público, longe de acalmar sua fúria, tornar-se-ia mais encarniçado; ele me odiaria, então, ainda mais por sua própria injustiça do que me odeia hoje pelos vícios que gosta de atribuir-me. Ele nunca me perdoaria as indignidades de que me acusa. Elas serão doravante para ele meu mais irremissível crime.

10

Devo sempre fazer o que devo, porque o devo, mas não por alguma espécie de êxito, pois sei perfeitamente que tal êxito é doravante impossível.

11

Imagino a surpresa desta geração tão soberba, tão orgulhosa, tão vaidosa de seu pretenso saber e que conta com uma tão cruel suficiência com a infalibilidade de suas luzes a meu respeito.

12

Não há mais nem afinidade nem fraternidade entre eles e mim, eles me renegaram como irmão e eu me vanglorio de tomá-los à letra. Se eu pudesse, contudo, preencher para com eles algum dever de humanidade eu o faria, sem dúvida, não enquanto meus semelhantes, mas enquanto seres sofredores e sensíveis que precisam de conforto. Confortaria da mesma forma e ainda com maior boa vontade um cão que sofre. Pois, não sendo traidor nem velhaco, e nunca afagando por falsidade, um cão me é muito mais próximo do que um homem desta geração.

13

O próprio soberano somente tem o direito de dar indulto após o culpado ter sido julgado e condenado dentro de todas as formas. Caso contrário, isso seria aplicar-lhes a mancha do crime sem tê-lo convencido do fato, o que seria a mais gritante de todas as iniquidades.

Se querem alimentar-me de pão, é enchendo-me de ignomínias. A caridade que desejam usar para comigo não é beneficência, ela é opróbrio e ultraje; ela é uma maneira de humilhar-me e nada mais. Gostariam que estivesse morto, sem dúvida; porém amam-me ainda mais vivo e difamado.

14

E receberei suas esmolas com a mesma gratidão que um transeunte pode ter por um ladrão que, após ter-lhe tomado a bolsa, devolve-lhe uma pequena soma para concluir seu caminho. Ainda assim, há uma diferença, a de que a intenção do ladrão não é humilhar o transeunte, mas unicamente confortá-lo.

Sou a única pessoa no mundo que se levanta cada dia com a perfeita certeza de não sofrer durante o dia nenhuma nova aflição e de não se deitar mais infeliz.

15

A espera de outra vida suaviza todos os males desta e torna os terrores da morte quase nulos; mas nas coisas deste mundo a esperança está sempre misturada à inquietação e somente há verdadeiro repouso na resignação.

16

Como dizia o Cardeal Mazarin, virá uma situação que não é nem menos propagada nem mais necessária quanto for ridículo não tê-la e mais ridículo ainda tê-la.

Os que consultam o interesse antes da justiça e preferem o que fala sobre suas vantagens àquele que falou melhor.[2]

17
Devaneio

De onde concluí que tal situação me era agradável, de preferência como uma suspensão dos sofrimentos da vida do que como um gozo positivo.

---

2 Frase obscura de que não foi encontrado nenhum traço na obra de Mazarin. A edição das *Oeuvres complètes* comenta: Rousseau escrevera a princípio "Que consultam o interesse antes da justiça e não coroam aquele que falou melhor, mas sim aquele que defendeu o partido que mais lhe convém e exigem muito mais adulação do que eloquência". (N.T.)

Mas não podendo, com meu corpo e meus sentidos, pôr-me no lugar dos puros espíritos. Não tenho nenhum meio de julgar corretamente sua verdadeira maneira de ser.

Desejo vingar-me deles tão cruelmente quanto possível? Para isso, basta-me viver feliz e contente; é um meio seguro de torná-los miseráveis.

Criando para si mesmos a necessidade de me tornar infeliz eles fazem depender de mim seus destinos.

18

Eu pensaria muitas vezes que a existência dos seres inteligentes e livres é uma sequência necessária da de Deus, e concebo um gozo na própria divindade fora da sua plenitude, ou melhor, que a complemente, é o de reinar sobre almas justas.

19

Escavaram entre eles e mim um abismo imenso que nada mais pode preencher nem transpor, e estou tão separado deles pelo resto de minha vida quanto o são os mortos dos vivos.

Isso me faz acreditar que de todos os que falam da paz de uma boa consciência há bem poucos que falam com conhecimento de causa, e que tenham sentido seus efeitos.

Se há doravante alguma possibilidade que possa transformar o estado das coisas, o que eu não creio, é muito certo, pelo menos, que essa possibilidade somente possa ser em meu favor, pois pior é impossível.

20

Uns me procuram com muito empenho, chorando de alegria e de emoção ao me verem, abraçam-me, beijam-me com arrebatamento, com lágrimas; outros, diante de mim, animam-se de um furor que vejo brilhar em seus olhos; outros cospem sobre mim ou perto de mim com tanta afetação que a intenção se me torna clara. Sinais tão diferentes são todos inspirados pelo mesmo sentimento, isso não me é menos claro. Qual é tal sentimento que se manifesta através de tantos sinais contrários? É aquele, estou vendo, de todos os meus contemporâneos a meu respeito; de resto, ele me é desconhecido.

21

A vergonha acompanha a inocência, o crime não a conhece mais.

Digo com toda a ingenuidade meus sentimentos, minhas opiniões, por mais bizarras, por mais paradoxais que possam ser; não argumento nem provo, porque não procuro persuadir ninguém e porque só escrevo para mim.

22

Todo o poder humano não tem força, doravante, contra mim. E, se eu tivesse paixões fogosas, poderia satisfazê-las à vontade e tanto pública quanto impunemente. Pois é claro que, temendo mais do que a morte toda explicação comigo, eles evitarão a todo preço que isso possa acontecer. Aliás, que farão? Prender-me-ão? É tudo o que peço e não posso obter. Atormentar-me-ão? Transformarão o tipo dos meus sofrimentos, mas não os aumentarão; far-me-ão morrer? Oh! Que não o façam. Seria acabar com minhas penas. Senhor e rei na terra, todos os que me rodeiam estão nas minhas mãos, posso tudo sobre eles, e eles nada mais podem sobre mim.

23

Mas quando esses senhores me reduziram ao estado em que me encontro, sabiam muito bem que eu não possuía uma alma rancorosa e vindicativa: sem o que nunca se teriam exposto ao que poderia acontecer.

24

Como se é poderoso, como se é forte quando nada mais se espera dos homens. Rio da louca inépcia dos maus, quando penso que trinta anos de cuidados, de trabalhos, de preocupações, de sofrimentos somente lhes serviram para pôr-me plenamente acima deles.

25

Que me digam apenas como souberam todas essas coisas e o que fizeram para conhecê-las, e eu prometo, se executarem fielmente este artigo, não dar nenhuma outra resposta a todas as suas acusações.

26

Tudo me mostra e me faz acreditar que a providência absolutamente não se intromete nas opiniões humanas nem no que diz respeito à reputação, e que ela entrega inteiramente à fortuna e aos homens tudo o que resta, aqui embaixo, do homem após a morte.

27

1. Conhece-te a ti mesmo
2. Frios e tristes devaneios
3. Moral sensitiva
   Como devo conduzir-me com meus contemporâneos
   Sobre a mentira
   Demasiadamente pouca saúde
   Eternidade das penas
   Moral sensitiva

28

Nunca virá, portanto, um homem sensato que note a maligna habilidade com a qual se fala de mim, seja diretamente, seja indiretamente em quase todos os livros modernos, em um tom traidoramente alheio, com alusões pérfidas, com comparações forçadas, com citações irônicas, frases equívocas e obscuras e evitando sempre aplicações diretas, mas todas conduzindo com arte a maldade dos leitores.

29

Porém, esta tranquilidade que (me deixam pelo amor do escrito) não podem retirar-me sem perder o fruto de seu complô têm eles grande cuidado de envenená-la com tudo o que pode torná-la insuportável a um homem honrado. E, como não conhecem os recursos da inocência, não tiveram o cuidado de prever os que eu encontraria para suportar a amargura de minha situação.

30

Enquanto, a passos lentos, a morte avança e antecipa o progresso dos anos, enquanto ela me faz ver e sentir, sem pressa, sua triste aproximação...

COLEÇÃO PEQUENOS FRASCOS

O filósofo autodidata
Ibn Tufayl

Modesta proposta (e outros textos satíricos)
Jonathan Swift

Como escolher amantes e outros escritos
Benjamin Franklin

Reflexões e máximas
Vauvenargues (Marquês de Luc de Clapier)

Escritos sobre ciência e religião
Thomas Henry Huxley

Diálogo no inferno entre Maquiavel e Montesquieu
Maurice Joly

Textos autobiográficos (e outros escritos)
Jean-Jacques Rousseau

SOBRE O LIVRO

Formato: 11,5 x 18 cm
Mancha: 19,6 x 38 paicas
Tipologia: Adobe Jenson Regular 13/17
Papel: Pólen Soft 70 g/m² (miolo)
Couché 120 g/m² encartonado (capa)
1ª *edição:* 2009

EQUIPE DE REALIZAÇÃO

Capa
Andrea Yanaguita

Ilustração
Cícero Soares

Revisão técnica
Thomaz Kawauche
(Mestre em Filosofia pela Universidade de São Paulo)

Edição de texto
Regiani Marcondes (Preparação de original)
Alexandre Agnolon e Adriana Moreira Pedro (Revisão)

Editoração Eletrônica
Vicente Pimenta

RR DONNELLEY

IMPRESSÃO E ACABAMENTO
Av Tucunaré 299 - Tamboré
Cep. 06460.020 - Barueri - SP - Brasil
Tel.: (55-11) 2148 3500 (55-21) 2286 8644
Fax: (55-11) 2148 3701 (55-21) 2286 8844

IMPRESSO EM SISTEMA CTP